어문선 시리즈 1

교사 헌신 예배 설교

lily publisher

교사 헌신 예배 설교

인쇄일 | 2004년 3월 20일
발행일 | 2004년 3월 30일
지은이 | 김권철 목사, 김인기 목사, 박천일 목사, 신정의 목사,
　　　　 이용윤 목사, 임세빈 목사, 장태원 목사
펴낸이 | 강연순
펴낸곳 | lily publisher
출판등록번호 | 제 1-2800호
등록일 | 2001년 2월 12일

주소 | 서울특별시 종로구 숭인 2동 178-94
전화 | 02 · 744 · 4029, 02 · 762 · 1485
Fax | 02 · 744 · 6578, 080 · 023 · 6578
홈페이지 | http://www.okgp.com
전자우편 | okgp@okgp.com

ISBN　89-89638-65-8　　　03230

교사 헌신 예배 설교

"일곱분의 목사님들이 교사직분의
중요성과 교사로서 알아야 할
참 지식과 분별력에 관해
들려주는 교사 필독서입니다."

집필자
김권철 목사 | 김인기 목사 | 박천일 목사 | 신정의 목사|
이용윤 목사 | 임세빈 목사 | 장태원 목사

머 리 말

한국이 낳은 세계 최고의 오페라 가수 김자경씨의 생애를 T.V.를 통해서 본 적이 있었습니다.

그녀가 정말 힘들고 어려웠을 때, 거의 좌절에 빠졌을 때, 당시 이대 총장이셨던 김활란 박사께서 그녀에게,

"넌, 할 수 있어!"라고 했답니다.

그 말 한 마디가 그녀를 믿음 안에서 세계 최고의 오페라 가수가 되게 했다고 합니다. 올바른 교사의 역할이 얼마나 중요한가를 보여주는 일화입니다.

학교 교사가 되려면 대학 4년 동안 열심히 공부해야 합니다. 4학년 때엔 교생 실습도 해야 합니다. 주기적으로 교사 연수등 재교육도 받아야 합니다.

교재 연구를 열심히 해서 새벽부터 밤 늦게까지 학생들을 가르칩니다. 그럼에도 불구하고 대부분의 학생들은 자신이 원했던 대학에 입학하지 못하고 수준을 낮추어 입학을 합니다. 어떤 경우엔 전혀 적성과 다른 과에 입학할 때도 있습니다. 그래도 그들은 나은 편입니다. 아예 대학 입학을 하지 못하는 경우도 많기 때문입니다.

의사가 되기 위해서 의과 대학에 입학하려면, 공부를 잘해야 합

니다. 보통 잘 하는 것이 아니라 아주 뛰어나게 잘해야 의과대학에 입학할 수 있습니다.

  대학생이 되어서도 밤이 새도록 공부해야 합니다. 다른 학생들은 4년이면 졸업을 하지만, 의대생들은 6년을 공부해야 일반 의사가 됩니다. 전문의가 되려면 다시 2년을 공부해야 합니다. 전문의가 되려면 8년이 걸립니다.

  우리의 몸을 건강한 길로 인도하기 위해서 그 어렵고 힘든 과정을 모두 거치는 것입니다.

  우리 교회학교 교사는 이 세상에서 성공으로의 길로 안내함은 물론이요, 영원한 생명의 나라인 하나님 나라로 가는 길도 안내해 줍니다.

  교회학교 교사의 직분은, 학교 교사나 의사보다도 더 소중하며 두려운 직분인 것입니다. 우리 자녀들의 영혼을 교육하는 직분이므로 더 많은 준비와 과정을 거쳐야 하는 것입니다. 그러나 우리는 이 많은 교육과 교육과정을 하나님의 은혜로 면제 받고 어린 영혼들을 하나님의 말씀으로 교육하는 것입니다.

  그러므로 우리는 심히 두렵고 떨리는 마음으로 감사함으로 교사의 직분을 감당해야 하는 것입니다.

  여기에 수 십년 동안 아무런 욕심없이 어린이와 청소년들을 위해 각 교단에서 기도로 목회를 해 오신 분들이 계십니다.

  이 분들이 조금이나마 교사들에게 도움이 되기위해〈교사 헌신 예배 설교〉자료들을 엮었습니다.

  다양한 스타일과 각도에서 다룬 교사 헌신 예배 설교들입니다.

  교사 헌신 예배 때에 사용하시면 큰 도움이 되실 것을 확신합니다. 뿐만 아니라 이 설교의 내용들이 바로 교회학교 교사들이 배워야할 필수 과목인 것입니다.

  아무쪼록 많이 이용하셔서 하나님께서 꼭 필요로 하는 교사, 교회가 원하는 교사, 학생들에게 존경받고 사랑받는 교사가 되시길 주님의 이름으로 간절히 기원합니다.

교회학교 교사들을 진심으로 사랑하는
어린이 문서 선교회 회원들 드림

목 차

머리말 9

김권철 목사 편

- 너희를 택하심을 아노라! 16
- 훌륭하고 아름다운 교사의 기둥으로 세워 주소서! 22
- 교사는 교회의 기둥같은 일꾼 29
- 더욱 큰 은혜를 주십니다! 37
- 하나님은 교사를 사랑하십니다. 43
- 올바른 교육을 하는 훌륭한 스승과 제자 52

김인기 목사 편

- 자신의 역할을 다하는 겸손한 청지기 58
- 내 양을 먹이며, 치라 65
- 나, 교사 맞나요? 69

박천일 목사 편

- 주를 가르치는 교사 74
- 목자 같은 교사 78
- 인정받는 교사 83
- 부모같은 교사 88
- 좋은 교사 93

신정의 목사 편

- 영적 식탁에 헌신하는 교사가 되세요. 100
- 먼저 어린이가 되세요. 107

- 가르치는데 헌신하는 교사가 되세요. ……………… 115
- 어린이들을 은혜받게 하세요. ……………………… 124
- 예수님이 교사로 임명하셨어요. …………………… 131
- 성령충만한 교사가 되세요. ………………………… 138

이용윤 목사 편

- 꼭 해야 할 일 ……………………………………… 148
- 갈렙의 신앙 ………………………………………… 154
- 어린이에 대한 예수님의 생각 ……………………… 160
- 결심이 필요한 때 …………………………………… 165
- 거룩한 부담감 ……………………………………… 171

임세빈 목사 편

- 충성된 교사가 됩시다. ……………………………… 178
- 동역자와 함께하는 사역 …………………………… 187

장태원 목사 편

- 예수님의 교사상 …………………………………… 198
- 좋은 교사 …………………………………………… 203
- 본을 보이는 교사 …………………………………… 212
- 배우고 확신하는 교사 ……………………………… 221
- 미래를 보는 교사 …………………………………… 229

김권철 목사

- 너희를 택하심을 아노라!
- 훌륭하고 아름다운 교사의 기둥으로 세워 주소서!
- 교사는 교회의 기둥같은 일꾼
- 더욱 큰 은혜를 주십니다!
- 하나님은 교사를 사랑하십니다.
- 올바른 교육을 하는 훌륭한 스승과 제자

하나님은 세상의 많은 사람들 중에 우리를 택하시고 부르셨습니다.

너희를 택하심을
아노라!

본문 : 살전 1:1-4

"**바울과** 실루아노와 디모데는 하나님 아버지와 주 예수 그리스도 안에 있는 데살로니가인의 교회에 편지하노니 은혜와 평강이 너희에게 있을지어다 우리가 너희 무리를 인하여 항상 하나님께 감사하고 기도할 때에 너희를 말함은 너희의 믿음의 역사와 사랑의 수고와 우리 주 예수 그리스도에 대한 소망의 인내를 우리 하나님 아버지 앞에서 쉬지 않고 기억함이니 하나님의 사랑하심을 받은 형제들아 너희를 택하심을 아노라"(살전1:1-4)

본문 4절 말씀에 보면 "너희를 택하심을 아노라"고 했습니다. 하나님의 사람 바울은 멀리 고린도교회에서 디모데를 통해 소식을 들었는데, 데살로니가 교회는 소아시아의 어떤 교회보다도 가장 짧은 기간동안 복음을 전했는데도 크게 부흥을 한 것입니다. 그래서 바울은 특별히 그들을 기억하고 기도했다는 것이 본문의 내용입니다.

위대한 부흥사 스펄전에게 그의 제자들이 물었습니다. "선생님, 부름을 받았다는 것이 무엇입니까?"하고 물으니 "첫째는, 자기가 선택한 길에 대해서 가장 귀하게 생각하는 것이고 둘째는, 어느것보다도 자기가 선택한 일이 가장 쉽다고 생각하는 것이며 셋째는, 자기가 선택한 일에 대해서 가장 즐거움을 느끼는 것이다"라고 했습니다.

하나님은 세상의 많은 사람들 중에 우리를 택하시고 부르셨습니다. 아브라함을 부르시고, 모세를 부르셨습니다. 또한 베드로를 부르시고 바울을 부르시듯이 우리를 부르신 것입니다.

그러면, 하나님의 택한 자녀로 살아가는 징조는 어떠합니까?

첫째는, 감사하는 교사가 됩시다.

본문 2절 말씀에 "우리가 너희 무리를 인하여 항상 하나님께 감사하고…"라고 했습니다. 바울은 이들을 통하여 항상 하나님께 감사하게 되었던 것입니다.

바울은 예수그리스도 앞에 부름을 받은 이후에 삶의 변화가 왔습니다. 장래에 대한 확증이 생겼고, 사상의 변화가 생겼습니다. 사람을 잡으러 다녔던 살인자요, 죄인중에 괴수요, 만삭되지 못한 자요, 가장 낮은 자요, 빚을 진 죄인이라고 했습니다(고전15:8-9). 그러나 삶이 변화되었고 택하신 하나님의 은혜를 항상 감사했습니다.

그는 아주 짧은 기간동안 복음을 전했는데, 데살로니가 교회는 바울의 신앙을 그대로 받아 들였습니다. 너무 어려운 환경과 환란이 많았지만 말씀을 잘 받고 믿음으로 살아갔습니다.

바울은 그들로 인하여 감사거리를 발견하고 하나님께 감사의 기도를 드렸습니다.

신학자 본훼퍼는 나찌에게 항거하다가 1차대전이 끝나기 전에 순교한 사람입니다. 그는 고백하기를 "나는 감사할 것을 발견할 때마다 말할 수 없는 행복감에 차 있다"고 했습니다. 언제 죽을지 모르는 상황에서도 감사거리를 찾고 기뻐한 것입니다.

오늘 우리는 '나그네의 삶'을 살아 갑니다. 나그네의 삶은 곤고합니다. 슬픔과 질고와 가난, 탄식, 염려, 눈물이 그치지 않는 곳이 이 세상이라 했습니다(계21:4).

그런데 예수를 믿는 사람들에게는 특별한 것이 있습니다. 세상 사람과 사는 방법이 다릅니다. 감사할 수 없는 상황에서도 감사거리를 찾고 행복감에 넘치는 삶을 살게 되는 것입니다.

이스라엘 사람들이 홍해바다에서 진퇴양난에 부딪쳤습니다. 이럴수도 없고 저럴수도 없는 상황에서 하나님의 기적적인 역사로 건너게 되었습니다. 뒤를 따르던 애굽의 군사들이 오다가 홍해 가운데서 물이 합쳐져 수장이 되었습니다.

하나님의 기적과 능력을 보았고 체험을 한 것입니다. 온 국민들이 하나님께 찬양을 했습니다.

그런데, 가나안을 향해 가다가 목이 마르는데 마실 물이 없습니다. 겨우 물을 찾았는데, 그 물은 써서 마시지 못하는 물이었습니다. 그들은 즉시 하나님을 원망합니다. 그 정도가 지나쳐서 이제는 모세를 죽이려고 하는 것입니다. 하나님께서 모세의 기도를 들으시고 단물로 만들어 먹게 하셨습니다. 이것을 '마라' 라고 합니다.

이렇게 이스라엘 백성들은 40년 동안이나 원망과 불평속에서 살았습니다. 하나님께서 보실 때, 기적과 은혜의 연속 속에서도 원망하는 그들을 보시고 안타까워 하셨습니다.

결국 가나안에 들어간 사람은 오직 믿음의 사람 여호수아와 갈렙 뿐이 었습니다. '가나안'은 좋은 세월입니다. 성공과 출세의 길이요 영적으로는 영원한 천국 본향입니다. 오늘날 우리들도 감사하는 삶을 살아야 합니다.

둘째로, 사랑의 수고를 아끼지 않는 교사가 됩시다.

본문 3절 말씀에 "사랑의 수고를… 쉬지 않고 기억함이니"라고 했습니다.

요13:34절 말씀에 "내가 너희를 사랑한 것 같이 너희도 서로 사랑하라"고 했습니다. 하나님께서 강하게 우리에게 말씀하신 것은 그것을 실천할 때 놀라운 은혜가 임합니다.

그런데 그 말씀을 듣고 순종하는 사랑의 수고가 있어야 합니다. 데살로니가 교회가 바로 그러했습니다.

바울에게는 말라리아라는 학질병이 있었습니다. 간질병이 있었고, 심한 두통에도 시달리고, 눈에는 안질이 있었습니다. 여러 가지 육체의 연약함을 가지고 있었던 것입니다. 남을 위해서는 기적을 베풀면서도 자신은 말하기 부끄러운 여러 가지 육체의 가시를 가지고 있었던 것입니다. 그런데 데살로니가 교회는 이것을 용납하고 바울을 이해하고 사랑의 수고를 아끼지 아니했습니다.

환란과 핍박중에도 어려움을 당하고 있는 마게도냐 교회를 도왔습니다. 데살로니가 교회의 교인들은 바울의 외적인 모습이나 자연인으로 보지 아니하고 하나님의 사람으로 받고 사랑하였습니다. 환란속에서도 기쁨을 잃지 않고 사랑의 수고를 아끼지 아니하는 이 교회를 향해서 바울은 "하나님께서 택하신 것을 아노라!" 하면서 그들을 위해 간구하였던 것입니다. 그러므로 진정한 교사는 자기가 책임지고 있는 양을 위해 수고를 아끼지 않아야 합니다.

셋째로, 주 예수그리스도에 대한 소망이 있어야 합니다.

본문 3절 말씀에 "우리 주 예수 그리스도에 대한 소망의 인내를 우리 하나님 아버지 앞에서 쉬지 않고 기억함이니"라고 했습니다.

오늘날 우리는 궁극적으로 표현한다면 세상을 살면서 예수그리스도가 아니면 모든 것을 맡길 만한 대상이 없습니다. 바울은 예수그리스도가 있기 때문에 우리에게는 소망이 있고 영원한 하늘나라가 있다고 했습니다.

유명한 역사학자는 말하기를 "이세상은 마치 컴컴한 미래를 향해서 나가는 것 같다"고 하면서 "그러나 우리의 시대는 절망적인 것 같아도 어린아이들이 있으니 소망이 있다"고 했습니다.

우리의 궁극적인 소망은 하나님께 나아가는 것입니다. 바울은 장차 다가올 영광은 현재의 고난과 족히 비교할 수 없다고 했습니다(롬8:18). 그러므로 그는 그리스도의 소망으로 가득차서 전 생애를 예수님께 맡겼습니다. 어떤 유혹이나 질병이나, 가난이나 고난 심지어 죽음까지도 이길 수 있는 힘이 생긴 것입니다. 왜 그렇습니까? 바로 소망이 있었기 때문입니다. 이 소망은 예수그리스도께서 우리에게 주신 것입니다.

그러므로 사랑하는 교사여러분, 여러분의 수고는 결코 헛된 것이 아니라 가장귀한 상금을 받을 하나님의 사역이요 아름다운 일인 줄 믿습니다.

하나님의 기둥은 하나님께서 능력을 주셔야 감당합니다.

훌륭하고 아름다운 교사의 기둥으로 세워주소서!

"전 앞에 기둥 둘을 만들었으니 고가 삼십오 규빗이요 각 기둥 꼭대기의 머리가 다섯 규빗이라 성소같이 사슬을 만들어 그 기둥 머리에 두르고 석류 일백 개를 만들어 사슬에 달았으며 그 두 기둥을 외소 앞에 세웠으니 좌편에 하나요 우편에 하나라 우편 것은 야긴이라 칭하고 좌편 것은 보아스라 칭하였더라" (대하 3:15-17)

성경에 보면, 천한 신분의 양치는 목동이었지만 하나님 앞에서 믿음으로 살아가기를 원하고 하나님이 기뻐하시는 뜻대로 살기를 원하여 마침내는 이스라엘 민족사에서 가장 빛나고, 존귀하고, 훌륭하고, 아름답게 살아간 사람이 바로 다윗이라는 사람이었습니다.

우리가 생각하기에는 그의 신분이나 배경으로 보아서는 그저 빛 없이, 이름 없이 한 세대를 살다가 시들어 졌어야 할 인생인데, 가문이나 지파나 그의 모든 배경이라고 하는 것은 아무것도 보잘 것 없는 집안인데, 하나님께서 그를 점진… 점진적으로 축복해 주셔서 가장 빛나는 자리에 앉게 됐고, 다윗의 별이 곧 이스라엘의 국기가 되듯이 그와 그의 후손대가 빛나고 길이 길이 하나님의 축복이 함께 하셨습니다.

그러나 그렇게 되기까지 그가 깨달은 것이 하나 있었는데, 하나님의 법궤가 시골의 가난한 집에(오벧에돔) 석달을 있었는데도 축복해 주시는 걸 보니, 과연 이 법궤만 잘 모셔 가면 크게 축복해 주실 것을 믿었습니다.

과거에 외적을 물리치는 이적이 일어났고, 여러가지 기적이 일어난 것을 믿어서 그 법궤를 예루살렘 성전으로 옮겨오기로 다짐을 한 것입니다. 그러기 위해서 먼저 그는 성전을 건축하길 원하여 금은 보화를 준비하고 모두 쌓아 두었는데, 하나님께서 나타나셔서 "네 마음이 가상하구나 너와 네 후손이 복을 받을 것이다 그러나 너는 전쟁을 통해서 피를 많이 흘렸으니 네 아들 대에 가서 건축하도록 하라!"고 하셨습니다.

그래서 아들대에 건축하는데 성전안에 모든 것을 다 금으로 장식을 했습니다. 나무가 들어갈 곳에는 백향목이 들어갔는데, 이 백향목은 향기나는 나무요 매우 견고한 나무였습니다. 쓸모없는 조각목은 자르고 쪼개서 법궤를 만드는데는 썼지만 그러나 겉에는 금으로 싸았던 것입니다. 좌우지간 금이나 백향목으로 모두 지었던 것입니다. 그리고 큰 기둥 둘을 세웠는데 성전에 받침대가 2미터이고, 길이가 15미터쯤 되는 큰 두 기둥 둘을 세웠는데, 기둥 꼭대기에는 사슬을 늘어뜨리고 석류를 만들어 100개씩 달았습니다.

시온 성산에 찬란하고 화려한 기둥이 세워진 것을 생각해 볼 때 얼마나 훌륭했겠습니까!… 그런데, 그 기둥의 이름을… 웬만한 사람같아서는 하나는 다윗의 기둥이요, 또하나는 솔로몬의 기둥이라고 했을 법 한데, 다윗은 하나는 '하나님이 세우신 기둥' 이라는 뜻의 야긴이라고 짓고, 또하나는 '하나님의 능력으로 이루어진 기둥' 이라는 뜻을 가진 보아스라고 지었습니다. 하나님의 은혜로 이 모든 일들이 이루어 진다는 것을 깨달았던 겸손의 사람이었던 것입니다.

참으로, 세상만사가 이루어 지는 것을 보면 하나님의 은혜로 이 모든 것이 이루어 지는 것입니다. 하나님께서 힘을 주셔서 되는 것입니다. 그래서 다윗은 히브리 말로 '야긴' 과 '보아스' 라는 이름을 붙여 놓았던 것입니다.

'하나님이 세워 주셨다.' '하나님의 능력으로 이루어 졌다' 는 것입니다.

믿는 사람들은 세상 사람들과 차이점이 있습니다. 예수 믿는 사람이 모자라 보이지만, 하나님께서 능력만 부어 주시면 잘 견뎌 나가고 다스려 나가고 승리해 나가는 역사가 일어나는 것입니다. 하나님이 함께 하시면 쓰러 질 것 같으나 일어 서고, 넘어질 것 같으나 승리하는 것 입니다. 바울은 갈2:9에서 교회의 일꾼들을 '기둥' 이라고 했습니다. 야고보, 게바, 요한은 기둥이라고 했던 것입니다. 성장하는 교회는 기둥을 많이 세워야 합니다. 교회에는 큰 기둥 작은 기둥 많이 있습니다.

성가대도 기둥이요, 주일학교 교사도 기둥입니다. 각 기관의 회장들, 직원들 모두가 다 기둥들인 것입니다. 기둥을 많이 세워 놓아야 큰 교회가 되고, 훌륭한 교회 상이 되고, 큰 일을 할 수 있는 교회가 됩니다.

교회는 기둥들을 많이 세우면 큰 일을 많이 할 수 있는데, 두가지 방법이 있습니다. 예수님의 방법과 초대교회 방법이 있습니다.

예수님의 방법은 자격이 없는 사람을 다 세워 놓았습니다. 12명의 제자들을 보면 다 자격이 없었습니다. 어떤 사람인가 하면, 무식한 어부요, 약삭빠른 사람, 이해관계 계산에 빠른 사람 등 영적으로 전혀 준비가 되어 있지 않은 사람들인데, "기둥이다!" 하시면서 예수님은 큰 일꾼들이 될 것이라고 하셨습니다.

다른 방법은 행6:3절에 보니까, 완전한 자격을 갖춘 다음에 그 사람들을 기둥으로 세우는 것입니다. 그 자격을 보면, 첫째는 성령이 충만하고 믿음이 있고 지혜의 은사가 있고 칭찬받는 사람입니다. 이것이 조건이었습니다.

먼저, 성령 충만하지 못하면 기둥의 역할을 못합니다. 삼풍백화점이 기둥이 약해서 무너진 것 처럼 기둥이 약하면 자기도 망하고 남도 망합니다. 성령이 충만해서 기둥이 튼튼해야 합니다.

그 다음에는 지혜가 있어야 합니다. 성령이 충만해서 힘은 있는데, 보지 못하고 달려만 가면… 들이 받고 넘어지고 다치는 것입니다. 그러므로 지혜가 있어야 합니다. 지혜가 있어야 영의 눈을 떠서 성령의 힘을 가지고 달려가야 할 때 달려가고, 멈춰야 할 때 멈추는 것입니다.

또 하나는 칭찬듣는 사람이어야 한다고 했습니다.

이는 사람다운 사람이 되어야 한다는 것입니다. 어떤 사람입니까? 성령의 충만으로 그리스도의 품성을 닮아가는 사람입니다. 과거의 품성이나 사상, 습관 등을 가지고는 안됩니다. 하나님이 주시는 지혜와 명철과 분별을 가지고 일을 해야 하는 것 입니다.

하나님의 일은 지식을 가지고 되는 것이 아닙니다. 재산을 가지고 되는 것도 아니고, 명예를 가지고 되는 것도 아닙니다. 귀하고 천한데 있는 것이 아닙니다. 하나님의 기둥은 하나님께서 능력을 주셔야 감당합니다.

그러면, 교회의 기둥으로 세움 받은 사람들이 교회에서 특별이 무엇을 해야 되겠습니까?

첫째는 하나님을 기쁘시게 해 드려야 하고, 둘째는 죽도록 충성해야 합니다. 또한 셋째는 강하고 담대해야 합니다.

에스겔 선지자가 그발강가에서 깊이 기도하는데 하나님께서 영으로 보여 주시는데, 하루는 에스겔을 부르시면서 네생물을 보여 주셨는데, 첫째는 사람의 모습이였고, 둘째는 송아지, 셋째는 사자, 넷째는 독수리의 모습을 보여 주셨습니다. 홀연히 몸 밖으로 자기 영이 나와서 보니까 장로 25명이… 하나님만 섬길 사람들이 하나님이 제일 싫어하는 태양신을 숭배하였습니다. 또 다른방에 가보니 장로 70인이 온갖 곤충들을 그려놓고 그걸 또 경배하였습니다.

밖으로 나와서는 거룩한 체 하고, 하나님 앞에 장로라고 하면서 이런 못된 짓을 일삼았던 것입니다.

뿐만아니라, 여자들은 음행한 신을 찾아가서 '생산의 신' 이라고 해서 자식을 많이 낳고 짐승들을 많이 번성케 해 달라고 음행한 짓을 다 했습니다.

겉으로 볼 때는 안보였지만, 하나님의 사람 에스겔이 영으로 보니 이 모든 것들이 다 보였던 것입니다. 네 생물 가운데, 사람의 모습으로 보여주신 것은 하나님을 기쁘시게 하는 사람이 없기 때문에 하나님을 기쁘시게하는 사람이 되라는 뜻입니다. 영으로 거듭난 사람을 말하는 것입니다. 영으로 거듭나지 않은 사람은 동물적인 육체만 가지고 있는 인간이지 하나님이 보시는 사람이 아니기 때문입니다.

창6-7장을 보니까 노아시대에 사람은 사람인데 '육체' 라고 했습니다. 그들은 다 홍수 심판을 받은 것입니다. 가죽만 사람이요 겉 모습만 사람의 모습이었기 때문입니다. 그래서 우리는 하나님의 형상을 이루는 영의 사람이요, 하나님을 기쁘시게 하는 사람이 되어야 합니다.

또한 송아지를 보여주시는 것은 무엇입니까? 황소는 밭을 갈든지 일을 할 때에 멍에만 메어 주면 신이 나서 열심히 일을 하지만, 일을 안하던 송아지는 연약하기 짝이 없습니다. 일을 해 보지 않아서 힘이 들고 괴로운 것입니다. 그래서 멍에를 메어 주면 억지로 하는 것입니다. 밭을 갈려고 하면 안가서 코를 뚫고 앞에서 끌고 뒤에서는 회초리로 때리는 것입니다. 힘이 들고 괴롭지만, 앞에서 끌고 뒤에서 미니까 억지로 나가는 것입니다.

그러므로 교회에서 직분을 맡는다고 하는 것은 멍에를 메는 것입니다. 때로는 말씀을 통해서 채찍으로 때리고, 이런 저런 방법으로 훈련을 받게 되면… 훌륭한 기둥이 되는 것입니다.

　초기에는 좀 섭섭하기도 하고 영적으로 매를 맞고 혼이 나기도 할 것입니다. 그래도 말을 안들으면 하나님이 직접 혼을 내서라도 큰 일꾼으로 만들어 놓으십니다. 그리고 하나님이 이끄시는 대로 따라가야 합니다. 어떤 때는 경제적으로 무거운 멍에를 메야 하고, 어떤 때는 육체적으로 힘들게 하는 멍에를, 시간을 내야 하는 멍에를 메어야 합니다.
　이는 하나님이 메어 주신 멍에이기 때문에 이것을 안 메면 어려움이 따르고 매를 맞기도 합니다.
　그리고, 또 한가지는 장부 다워야 합니다.
　무슨일이 생기면, 걱정스럽고 불안하고 염려하지 말아야 합니다. 죽으면 죽으리라 하는 장부다운 믿음을 가져야 하는 것입니다.

　사랑하는 성도 여러분!
　우리는 하나님 앞에 자격이 있어서 선택이 됐든지, 아니면 자격이 안됐어도 선택이 되었든지.. 일단 나를 부르신 뜻이 있음을 알아야 할 것입니다.
　추수때가 된 한국교회에 일꾼들이 필요한 것을 알아서 하나님께서 나를 주일학교 교사의 기둥으로 세워 주시길 원하십니다.
　앞으로 나라와 민족 앞에 큰 일들을 많이 감당하는 기둥이요, 또 그런 교사가 되어지기를 주의 이름으로 축원합니다. 할렐루야!

사람에게는 저마다 타고난 근성이 있습니다.

교사는 교회의
기둥같은 일꾼

> "전 앞에 기둥 둘을 만들었으니 고가 삼십오 규빗이요 각 기둥 꼭대기의 머리가 다섯 규빗이라 성소같이 사슬을 만들어 그 기둥 머리에 두르고 석류 일백 개를 만들어 사슬에 달았으며 그 두 기둥을 외소 앞에 세웠으니 좌편에 하나요 우편에 하나라 우편 것은 야긴이라 칭하고 좌편 것은 보아스라 칭하였더라"
>
> (대하3:15-17)

집안에 자식이 공부를 잘하면, 또 마음씨가 기특하고 효성스러우면 '기둥같은 자식'이라고 합니다. 여러 자녀가운데 공부는 못했지만 일찍이 세상 경험을 많이 하고 재물을 많이 모은 자손이 있다고 하면 '우리 집안에 기둥'이라고 합니다.

아내가 집안을 일으키는 것도 그 가정의 기둥이라고 하고, 남편이 남편의 일을 잘 해서 집안을 잘 다스리고 남편과 어버이의 구실을 잘 하면 기둥같은 아버지요 기둥같은 남편이라고 합니다. 교회에서도 신앙생활 잘하고 모범이 되면 기둥같은 직원이라고 하는 것입니다.

어떤 수난이 와도 자기의 위치를 잘 지키고, 사명을 잘 감당하는 사람을 가르켜서 '기둥'이라 합니다. 우리 모두는 하나님의 교회에 나아와 신앙생활을 하면서, 한 세대를 살아가는 동안… "나도 기둥같은 일꾼으로 쓰임을 받아야 되겠다!" 하고 다짐을 하게 됩니다.

그런데 기둥이 되기 위한 지름길에는 두가지의 길이 있습니다. 우리는 모르는데 하나님 편에서 일방적으로 선택해서 "너는 내것이다" 하고 불러 주시고, 멍에를 메어 주셔서 쓰임을 받는 사람이 있습니다. 이런 사람은 천부적으로 믿음이 있기 때문에 하나님께 붙들려 쓰임을 받게 되는 것입니다.

아브라함은 가정에서는 물론이요 민족사에 큰 기둥이요, 축복의 기둥으로 쓰임을 받았는데 그렇게 되기까지는 천부적으로 타고난 믿음이 있는 사람이었기 때문입니다.

아브라함의 아버지는 하나님이 제일 미워하시는 우상을 만드는 가정에서 태어났는데, 그는 의외로 믿음이 있어서 하나님이 말씀하시면 그대로 순종을 했습니다.

하나님이 가라시면 가고, 오라시면 오고, 아들을 바치라면 바쳤습니다. 인간의 계산으로는 도저히 맞지 않는 것이었지만 믿음을 가지고 나아갔습니다.

세상 끝날까지 믿음이 없이 살다가 죽어가는 사람도 많은데, 아브라함은 평생을 두고 믿음으로 살아갔습니다. 그의 믿음은 무에서 유를 낳게 하고, 천한데서 존귀케 하고 가난에서 부를 창출하는 믿음이었습니다.

 바로 이런 사람을 하나님이 기둥으로 쓰시는 경우가 있고 또 하나는, 본인이 자격이 없고 환경의 모든 여건이 되지는 않지만… 하나님의 말씀을 믿고 "나도 기둥같은 사람이 되어야 겠다!"하고 믿음으로 나아가는 사람을 하나님이 길을 열어주시는 것입니다.

 그러면, 어떠한 신앙을 가져야 앞으로 21세기를 향한 우리의 삶을 훌륭하고 아름답게 하나님의 일꾼으로 세워 주시겠습니까?

첫째는, 충성스러운 종이 되기로 뜻을 정해야 됩니다.

 종은 충성을 다해야 합니다. '종', 혹은 '일꾼'이란 말은 '노예의 신분'을 말하고 '섬기는 자'를 가르키는 것입니다. 이 노예 제도라는 것은 근대 국가가 이루어 지기 전에 동서양을 막론하고 노예를 많이 썼습니다. 노예는 주인이 원하는데로 잘 섬기고 충성스럽게 일을 하면, 주인이 그를 인정을 하고 그 다음에는 자기 집안 모든 것을 다 맡깁니다.
 애굽의 총리 였던 보디발 장군이 가만히 보니까, 웬 청년 하나가 왔는데… 신실하고 틀림이 없고 명철하고 부지런하고, 열심히 충성을 다 하는 것입니다.
 그래서 아내 하나만을 두고 집안의 모든 일들을 다 맡기게 된 것입니다. 충성스런 종이 되면, 모든 것을 다 맡게 되는 것입니다.

우리 주 하나님께 충성스런 종이 되면… 믿음이 있다고 인정만 하시면, 우주만물을 지으신 하나님, 부하게도 하시고 강건하게도 하시는 그 하나님이 문제를 해결해 주시고 앞길을 열어 주실 줄 믿습니다.

하나님 앞에서 고개들고 교만해 봤자, 하나님이 치시면 아무런 소용이 없는 것입니다. 하나님이 사람을 높여 주시기도 하고, 천하게도 하시고, 죽이기도 하시며 살리시기도 하는… 이 모든 것들을 하나님이 다 하시는 것입니다.

요나는 자기의 머리로 계산하고 재어서 하나님이 명하시는 길 정 반대로 가서 배를 타고 바닷바람을 쏘이며 신이 났지만… 하나님이 그 바다에 바람을 부시니 풍랑이 일어나고 결국은 바닷물에 던져져서 지옥(스올) 같다고 했습니다. 결국 큰 고기 뱃속에 들어가는 신세가 되었고 하나님 앞에 회개를 하니 본연의 자세로 돌아가게 되었습니다.

그러므로, 하나님이 세상 만사를 다 주관하시는 분이심을 믿어야 합니다. 그 하나님이 충성되다고 인정만 하시면, 세상말로 '쨍하고 해뜰 날'이 오는 것입니다.

하나님이 인정만 하시면 살판 나는 겁니다. 그래서 작은 일에 충성된 자는 큰 것도 주시고, 남이 알아주든지 모르든지 충성만 하면 되는 것입니다.

또한 영혼이 잘되면 범사가 잘 되고 형통하다고 했습니다. 예수님의 일꾼이 되고 노예가 되어서 예수님을 잘 섬기고 충성하면, 예수님 덕분에 살 맛나는 길이 열리고, 훌륭하고 아름다운 길이 열려질 줄로 믿습니다.

두 번째는, 인격적인 일꾼이 되어합니다.

광야의 이스라엘 백성들에게는 참을성이 없었습니다. 홍해를 건널 때 악기를 동원하고 할렐루야를 부르면서 찬양을 했다가 목이 마르니까 금방 원망하고 모세를 죽이려고 했습니다.

지도자를 향해서 반기를 들었습니다. 그들에게 있는 못된 인간성은 바로 원망하고 불평하고 낙심하는… 참을성이 없는 것이었습니다.

오늘날로 말하면 자기에게 있는 못된 습성, 부모에게 불효하는 인간성, 음란한 인간성, 화를 잘 내는 인간성, 교만한 인간성, 믿음으로 하지 아니하고 계산으로 하려는 인간성 등등… 남은 모르지만 자기는 압니다.

신10:16절에 보니까, 마음의 할례를 받으라고 했습니다. 이 말씀은 못된 인간성, 좋지 못한 습성들을, 인격적인 모습으로 바꾸고자 하는 것 인줄 믿습니다.

주님의 말씀은 등불이라고 했습니다. 진리의 말씀으로 빛을 비춰 주시는 것입니다.

그리고 계속 그 말씀대로 살고자 애를 쓰면 우리의 모습은 인자한 모습으로 달라질 것입니다.

사랑하는 성도 여러분!
사람에게는 저마다 타고난 근성이 있습니다. 미워하고, 시기하고, 질투 하는 등의 근성이 있는 것입니다.

유명한 『안쏘니 밀로우』라는 사람이 쓴 책이 있는데 그 글을 보면 어느날, 한 거지가 불쌍해 보여서 잘 대접을 해 주었습니다. 그러면 "감사합니다." 하고 맛있게 먹어야 될텐데, 이사람은 밥상을 받아 놓고 "나는 왜 이렇게 가난한가?, 나를 왜 이렇게 못살게 만들었는가?" 하면서 하나님을 원망하고 앉았습니다. "하나님이 계시면 내가 왜 이런 꼴이 됐을까?…" 하면서 투덜거리면서 먹지를 않는 것입니다.

그래서 "미운 생각이 들어서 당신같은 사람은 먹을 자격도 없어!" 하면서 내어 쫓아 버렸습니다.

그날 밤에 예수님이 나타나셔서 "너희집에 거지가 찾아 갔었지?" "예" "네가 미워서 내어 쫓았지?" "예, 어찌나 투덜 거리는지 미운 생각이 들어서 내 쫓아 버렸습니다!" "그래?, 나는 50년 동안 그 사람을 한끼도 안거르고 먹여 주었다. 50년동안을 사랑하고 참았는데, 너는 단 한끼도 식사를 주지 않고 내어 쫓았으니 그게 될 일이냐?…" 잠에서 깨어 보니 꿈이었지만, 예수님 앞에서 얼마나 죄송스럽고 후회스러운지 무릎을 꿇고 회개를 했더랍니다.

롬1:28절 이하에 있는 말씀처럼, 마음속에 불평하고, 원망하고, 교만한 마음, 분을 잘 내는 마음, 미워하고 시기하는 마음, 음행의 마음, 못된 습관, 불효하는 마음 등등… 이 모든 마음을 다 쫓아 내어야 하나님께서 훌륭하고 아름다운 기둥으로 세워 주십니다.

그것은 내 힘으로 안됩니다. 하나님께 부탁하고 맡기면 성령께서 말씀의 진리로 비춰 주시고 인도하시고 성령의 검으로 잘라 주시는 것입니다.

셋째는, 좋던지 나쁘던지 순종하는 교사가 되어야 합니다.

　에스겔이 기도를 하는 중에 깨달은 것은 좋던지 나쁘던지 따르기만 하면 복이 된다는 사실이었습니다. 하나님의 말씀이라고 하면 이유를 막론하고 따르라는 것입니다.
　하나님께서 에스겔 선지자에게 말씀하시기를, 손발을 꼼짝 못하게 옆으로 눕게 만들것이라고 하시면서 오른쪽으로 40일을 눕게 하고, 왼쪽으로 390일을 누워서 꼼짝 못하게 할것이라고 했습니다. 더군다나 소똥을 말려서 그것으로 구운 음식을 먹으라는 것입니다. 결국은 그런 세월이 지나고 하나님이 인정하시니 하나님의 선지자로 크게 사용하셨습니다.
　그러므로, 하나님의 말씀은 좋던지 나쁘던지 "아멘"하고 따라가는 것입니다. 이것은 말로는 쉬운 것 같아도 참으로 어려운 것입니다. 그런데 말씀을 잘 따라가는 방법이 있는데, 첫째는 날마다 예수안에서 죽는 것입니다. 바울은 예수 믿는 순간부터 죽었다고 했습니다.
　예수 믿는 사람들이 죽어야지 자기가 살면 안됩니다. 뿐만아니라 모두가 하나님의 교회에 기둥이 되려면 자기가 죽어야 합니다. 가정에서도 부부간에 서로 옛사람이 죽고, 주 안에서 새사람으로 태어나야 합니다.
　바울은 다메섹에서 진리의 빛이 임하는 순간 그날부로 죽었습니다. 날마다 자기를 쳐서 복종시키며 죽는다고 했습니다. 그래서 바울은 마침내 한세대 역사적으로 하나님이 크게 들어 쓰시는 귀한 인물이 되었던 것입니다. 그리고 하나님의 분명한 허락이 있고, 분명한 하나님의 뜻이요 명령이라면 죽음을 각오하고 밀고 나아가야 합니다. 그러면 하나님께서 훌륭한 재목, 인재로… 한세대 훌륭한 기둥으로 세워 주실줄 믿습니다.

　그러므로 하나님의 말씀대로 살기로 다짐하고 충성하므로, 21세기에 훌륭하고 아름다운 일꾼들이 우리교회에서 많은 나오시기를 주의 이름으로 축원합니다. 할렐루야!

예수그리스도는 신부로 우리를 선택하셨습니다.

더욱 큰 은혜를
주십니다!

본문 : 약 4:1-10

(약 4:1) 너희 중에 싸움이 어디로, 다툼이 어디로 좇아 나느뇨 너희 지체 중에서 싸우는 정욕으로 좇아 난 것이 아니냐 (약4:2) 너희가 욕심을 내어도 얻지 못하고 살인하며 시기하여도 능히 취하지 못하나니 너희가 다투고 싸우는도다 너희가 얻지 못함은 구하지 아니함이요 (약4:3) 구하여도 받지 못함은 정욕으로 쓰려고 잘못 구함이니라 (약4:4) 간음하는 여자들이여 세상과 벗된 것이 하나님의 원수임을 알지 못하느뇨 그런즉 누구든지 세상과 벗이 되고자 하는 자는 스스로 하나님과 원수 되게 하는 것이니라

(약4:6) 그러나 더욱 큰 은혜를 주시나니 그러므로 일렀으되 하나님이 교만한 자를 물리치시고 겸손한 자에게 은혜를 주신다 하였느니라 (약4:7) 그런즉 너희는 하나님께 순복할지어다 마귀를 대적하라 그리하면 너희를 피하리라 (약4:8) 하나님을 가까이 하

라 그리하면 너희를 가까이 하시리라 죄인들아 손을 깨끗이 하라 두 마음을 품은 자들아 마음을 성결케 하라 (약4:9) 슬퍼하며 애통하며 울지어다 너희 웃음을 애통으로, 너희 즐거움을 근심으로 바꿀지어다 (약4:10) 주 앞에서 낮추라 그리하면 주께서 너희를 높이시리라

초대교회 성도들은 신앙생활을 하기가 매우 어려웠습니다. 전통적인 신앙을 그대로 받았다면 문제가 없었을 터인데, 예수그리스도의 죽음과 부활의 사건을 통하여 구원의 도리를 듣고 개종했던 그 기쁨과 감격은 말로 표현할 수 없는 정도였습니다. 그러나 전통적인 신앙에 물들어 있던 가문과 자손들에게는 핍박이 심하고, 환란은 극하고, 경제적으로도 어려웠고, 여러가지 역경으로 힘든 세월이었습니다.

그러나 본문에서 예루살렘교회에 최초의 감독이었던 야고보 사도는 그가 체험한 것을 바탕으로 "시험이 와도 기쁨으로 이기면 더 영광스러운 일이 일어난다"고 증거하였습니다.

본문에서의 야고보 사도는 예수님의 형제 야고보로서 그는 두가지의 강조점을 두고 역설하고 있습니다. 첫째는 복음적인 측면에서 예수님의 구속적인 사랑에 감사하고 감격해야 하며, 둘째로는 생활적인 측면에서 윤리적으로 흠없이 살아야 함을 강조하고 있습니다. 그러면서 어떤 환란이 와도 그 어려움이 크면 클수록 더 큰 은혜를 주심을 믿으라는 것입니다. 이것이 본문의 내용입니다. 그러므로, 교사란 직분은 헌신이요, 희생인 것입니다

그러면, 어떻게 해야 하나님께서 더 큰 은혜를 주시고 교사로 쓰임 받겠습니까?

첫째로, 교사는 영적 싸움에서 승리해야 합니다.

약4:1절 말씀에 보면, "너희 중에 싸움이 어디로, 다툼이 어디로 좇아 나느뇨 너희 지체 중에서 싸우는 정욕으로 좇아 난 것이 아니냐" 했습니다.

이 세상은 싸우면서 살아가는 인생입니다. 개인적으로, 사회적으로, 국가적으로… 우리 인간은 수없이 싸우면서 살아가는 삶인 것입니다. 그래서 '생존경쟁' 이라는 말을 하는 줄 압니다.

아브라함 링컨이 길을 가다가 남자아이 형제가 귀엽게 놀고 있는 것을 보았습니다. 너무 귀여워서 호두 3알을 주었는데, 형은 두 개를 갖고 동생에게는 한 개를 주었습니다. 동생은 집에서 늘 하던 버릇대로 한 개 더 달라고 고집을 피웠고 형은 형노릇을 하느라고 안된다며 싸웁니다.

집에서는 부모님이 늘 동생의 말을 들어 주었기 때문에 고집을 부리고 땡깡을 부리면 되었지만, 밖에 나와서까지 형이 가만히 있을리가 없었던 것입니다.

보좌관이 오더니 "각하, 왜 저들이 싸웁니까?"하고 물으니, 링컨이 대답하기를 "저들은 지금 국제적인 문제로 싸운다"고 하였습니다.

세상에는 싸움이 있습니다. 그 근본적인 문제를 살펴보면 바로 '욕심' 입니다. 그러나 마귀는 시기와 질투, 미움, 정욕으로 싸우게 합니다. 이 욕심은 한이 없습니다. 더 가지려고, 더 먹으려고, 더 자기 자신을 내세우려고 싸우는 것입니다.

눈으로 보기에는 성도들이 안믿는 사람들과 다를 바가 없는 것처럼 보이지만, 믿는 성도에게는 예수님이 함께 하시니 평화가 있고 믿음의 담력이 있고 승리가 있습니다.

둘째로, 교사는 하나님을 가까이 해야 합니다.

약4:8절 말씀에 "하나님을 가까이 하라 그리하면 너희를 가까이 하시리라…" 했습니다. 여기서 '그리하면' 이라는 조건부 적인 접속사가 붙어 있는 것을 보게 됩니다.

성경을 살펴보면, 이러한 조건부 적인 접속사를 많이 보게 됩니다. "그리하면 ~하게 하리라, 그러면 ~하게 하시리라" 등등 의 말씀을 볼 수 있습니다.

여호수아는 "너희가 하나님을 가깝게 하라 그리하면 복을 주시려니와 만일 너희가 여호와를 버리고 이방 신들을 섬기면 너희에게 복을 내리신 후에라도 돌이켜 너희에게 화를 내리시고 너희를 멸하시리라" 하면서 복과 저주가 네 앞에 있으니 선택하라고 하였습니다(수24:20, 신30:1).

그러므로, 엡2:12-13절 말씀에 "그 때에 너희는 그리스도 밖에 있었고 이스라엘 나라 밖의 사람이라 약속의 언약들에 대하여 외인이요 세상에서 소망이 없고 하나님도 없는 자이더니 이제는 전에 멀리 있던 너희가 그리스도 예수 안에서 그리스도의 피로 가까워졌느니라" 했습니다.

또한 마귀는 "너 같은 걸 바쁘신 하나님이 기억하시겠느냐?" 하고 기만합니다. 여기서 "그래, 하나님이 나같은 걸 기억하실리 없지…" 하고 넘어가면 지는 것 입니다. 그러나 "공중의 새를 보라 심지도 않고 거두지도 않고 창고에 모아 들이지도 아니하되 너희 천부께서 기르시나니 너희는 이것들보다 귀하지 아니하냐" 고 하신 말씀을 의지하여 담대히 이겨야 합니다(마6:26). 하나님은 나그네와 과부, 그리고 가난한 자를 불쌍히 여기시며 사랑하시는 분이십니다.

뿐만아니라, 마귀는 "네가 하나님께 무슨 공로를 세운 것이 있느냐?"고 반박합니다. 그러나, 우리의 행위나 공로를 통하여 구원을 받는 것은 아닙니다. 하나님 앞에서 모든 사람이 다 죄인이지만(롬4:8), 예수그리스도의 은혜로 말미암아 구원함을 받은 것 입니다(엡2:8).

자녀가 부모님과 가깝게 하는 것은 복의 지름길인 것입니다. 이와같이 우리 교사는 하나님 아버지와 가깝게 해야 합니다. 그것은 바로 기도하는 것입니다. 기도가 없으면 하나님과 담을 쌓고 사는 것과 같습니다.

길을 가면서도, 차를 타고가면서도, 어떤 일을 하면서도.. 언제나 기도해야 합니다. 격식을 따질 필요가 없는 것입니다. 자녀가 어머니에게 "위대하시고 용모가 빼어나시며 거룩하신 어머니! 저에게 용돈을 주십시요!" 하면서 용돈을 타는 자녀는 없을 겁니다. 그저 자연스럽게 우리의 형편과 사정을 솔직하게 아뢰면 되는 것입니다. 그러면, 하나님께서 들으시고 더 큰 은혜를 주실 줄 믿습니다.

셋째로, 교사는 몸과 마음을 깨끗이 해야 합니다.

약4:8절 말씀에 "… 죄인들아 손을 깨끗이 하라 두 마음을 품은 자들아 마음을 성결케 하라"고 했습니다. 이 말씀은 신랑되신 예수그리스도만 따라 가라는 것입니다.

신랑되신 예수그리스도는 신부로 우리를 선택하셨습니다. 우리를 선택하신 신랑 예수님은 우리의 고백을 기다리시는 것입니다. "저도 예수님을 사랑합니다!…" 하는 고백이 있어야 합니다.

신랑되신 우리 예수님이 먼저 고백하셨습니다. 요3:16절에 "하나님이 세상을 이처럼 사랑하사 독생자를 주셨으니 이는 저를 믿는 자마다 멸망치 않고 영생을 얻게 하려 하심이니라" 했습니다.

그러므로 이제 응답적인 우리의 고백이 있어야 하는데, 그것은 바로 몸과 마음을 깨끗이 하는 것입니다. 깨끗해야 우리를 귀하게 여기시고 큰 은혜를 주십니다.

마틴 루터는 말하기를 "하나님의 은혜는 여름날의 소나기와 장마비 같다"고 했습니다. 소나기와 장마비가 내리지 않고 그냥 지나간 곳은 말라갑니다. 그러나 비가 쏟아진 지역은 잎이 푸르고 열매를 맺게 되는 것입니다.

사랑하는 교사 여러분 우리의 열매는 주일학교 부흥입니다 그러므로 하나님의 은혜속에 헌신과 사명이 있다면 좋은 열매가 생길 줄 믿습니다.

정말 사랑하면 자존심이 어디 있습니까?

하나님은 교사를
사랑하십니다

(요3:16) 하나님이 세상을 이처럼 사랑하사 독생자를 주셨으니 이는 저를 믿는 자마다 멸망치 않고 영생을 얻게 하려 하심이니라 (요3:17) 하나님이 그 아들을 세상에 보내신 것은 세상을 심판하려 하심이 아니요 저로 말미암아 세상이 구원을 받게 하려 하심이라 (요3:18) 저를 믿는 자는 심판을 받지 아니하는 것이요 믿지 아니하는 자는 하나님의 독생자의 이름을 믿지 아니하므로 벌써 심판을 받은 것이니라

마틴루터는 종교개혁자로서 본문의 말씀을 가르켜 '복음의 핵심'이라고 했습니다. 이 말씀속에는 기독교의 교리와 복된 소식이 들어 있고, 이 짧은 말씀에서 복음의 성격이나 내용이나 생명력을 부어 주시는 놀라운 역사가 들어 있으며, 기독교의 복음에 대한 핵심적인 요건이 함축되어 있습니다.

기독교의 중심되는 복음이라고 할 수 있는 것은 하나님께서 우

리를 사랑해 주신다는데 있습니다. 이 진리의 말씀은 우리의 삶에 생명력을 부어 주시는 것입니다. 하나님께서 우리에게 사랑을 주신다는 것은 삶에 엄청난 활력이요 우리에게 놀라운 생명력을 주시는 것입니다.

"하나님이 세상을 이처럼 사랑하사…"라고 했습니다. 사람은 사랑을 먹고 사는 동물입니다. 밥만 먹고 살아갈 수 없는 것입니다. 사랑을 알아야 되고, 체험을 해야 되고, 사랑을 주고, 또 사랑을 받아야만 합니다. 그래서 인간은 사랑이 있기에 존재하고 있고, 사랑이 있기에 살맛이 있고, 사랑이 있기에 삶에 향기가 풍겨지고, 사랑이 있기에 살아가는 순간순간 소망과 보람을 느끼고 살아가는 것입니다.

어린아이들을 한번 보십시오. 어린아이들은 세상에 신경 쓸 일이 없습니다. 벼락을 치건 어려운 일이 닥치건 상관을 하지 않습니다. 그러나 어미가 자기를 사랑하고 있다고 하는 것은 순간순간 확인을 합니다. 왜냐하면 이 '사랑' 때문에 살아가고 있고, 사랑 때문에 성장하는 것이기 때문입니다.

그래서 어린아이는 이 사랑을 받고 있다는 느낌만 있으면 평안합니다. 걱정할 것이 없는 것입니다. 그래서 눈을 감고 자다가도 사랑을 확인하기 위해서 옆에 엄마가 있는지를 확인 합니다. 자다가 옆을 만져 봐서 엄마가 틀림이 없고, 옆에 계시면 안심을 합니다. 얼굴을 만져보고 귀를 만져보고… 자꾸만 만져 보면서 확인을 합니다. 그러다가 자기 엄마가 아니면, 눈을 번쩍 뜹니다. 그리고는 아닌 것을 알면 막 웁니다. 그러나 엄마가 옆에 있고, 그 사랑이 확인 되면 마음을 놓고 쿨쿨 잡니다. 그런데 사랑이 확인이 안

되면 모든 것을 다 가졌다고 해도 평안도 없고 기쁨도 없습니다.

어린아이가 길을 잃어서 파출소에 갔고 또 파출소에서는 경찰서로 보냈는데, 아이의 엄마를 찾기 위해서 여기 저기 알아봅니다. 아름답고 예쁜 여순경이 맛있는 것을 사주고, 인형을 가져다 주어도 엄마만 찾습니다. 자기 집에서는 먹을 수 없는 맛있는 것을 가져다 주고, 비싼 인형을 가져다 주어도 소용이 없는 것입니다. 관심을 주고 사랑을 베풀어 주어도 소용이 없습니다. 한참만에 연락이 되어서 엄마가 나타나니까 그 맛있는 것, 인형 다 팽게치고… 돌봐주던 예쁜 여순경의 품도 팽게치고 "엄마!" 하고 달려가는 것입니다. 어미만 있으면 되는 것입니다. 왜? 자기만 사랑해 줄 수 있는 사람이 있으면, 아무런 걱정이 없는 것입니다.

그런데 아이들이 좀 자라서 큰 녀석이 어지간히 크면, 동생이 하나 생깁니다. 큰 아이는 이제 불안한 것입니다. 동생에게 사랑을 빼앗겼기 때문입니다. 사랑을 빼앗겼기 때문에 동생이 미운 것입니다. 그래서 부모가 있는데는 안 그렇지만 안 보면 동생도 쥐어박습니다. 꼬집고 막 때립니다.

게다가 밑에 녀석이 또하나 생기면, 위는 첫째라고 사랑하고 아랫 동생은 막내라고 사랑을 하지만 가운데 녀석은 또 찬밥 신세가 되는 것입니다. 그래서 괜히 위도 치받고 아래도 치받고… 자기에게 부모님이 관심을 가져 달라는 푸념을 하는 것입니다.

그래서 어떤 아이는 학교에 가서 공부를 잘하는 녀석인데도 일부러 공부도 못하고, 시험을 형편없이 봐서 옵니다. 그래야 잔소리를 하고 자기에게 관심을 줄테니까 일부러 그러는 것입니다.

바로 우리집 가운데 딸도 그렇게 했습니다. 그런데 사랑을 해 주니까 점수가 확 올라가고, 우수한 점수를 받고, 자기 재능 다 발휘하는 것입니다.
　그래서 이 사랑을 받겠다는 것의 감정 표현으로 말썽을 부리기도 하고,이상한 짓도 하기도 합니다. 어떤 경우에는 일부러 코를 질질 흘리고 다닙니다. 그래야 관심을 가져 줄테니까 그러는 것입니다.

　사랑을 받지 못한다는 것은 대단한 절망입니다. 그 절망, 불안… 이것은 사랑을 잃어 버렸기 때문입니다. 그 고통은 말을 못해서 그렇지 대단한 고통입니다. 그런데 하나님께서는 우리를 말없이 이유를 막론하고 사랑하신다는 사실입니다.
　그 하나님은 우리를 사랑하시되 우리의 형편과 사정을 다 아시면서 사랑하시는 것입니다. 나의 습관, 나의 형편을 모르시면서 사랑하시는게 아닙니다. 우리말에 '낮 말은 새가 듣고 밤 말은 쥐가 듣는다' 는 말이 있습니다. 우리가 앉아서 하는 소리, 일어서서 하는 소리, 바닷속에서 숨어서 하는 것도 다 아시는 것입니다. 하늘에 깃들어서 있다고 할지라도 다 아시는 하나님이십니다. 그럼에도 불구하고 우리는 계속 못된 짓을 하고, 우리 하나님을 배반하고, 섭섭하게 해 드렸어도… 모르는 척 하시고 사랑해 주시는 것입니다.
　얼마만큼 사랑하시느냐 하면, 노아 시대에도 즉시 심판하고 멸해야 마땅하지만 오래 오래 기다리시고 참으셨습니다. 120년이나 참으셨다는 사실은 숫자적인 개념만이 아니라, 하나님께서 완전히 오래오래 이루 헤아릴 수 없이 사랑하신다는 것입니다.

사람들이 죄를 범하면 얼마만큼 용서를 해 주어야 되느냐고 제자들이 물으니까, "일흔번씩 일곱 번이라도 용서해 주라"고 하신 주님 이십니다. 그 말씀은 70×7=490번이 아니라, 무조건 용서해 주라는 것입니다(마18:22).

하나님은 여전히 우리 인간을 사랑하십니다. 1900여년전에 유대 땅 베들레헴에 예수를 이땅에 보내신 하나님은 여전히 지금도 우리를 사랑하시는 것입니다.

여러분도 잘 아실만한 유명한 헐리우드의 『딘 마틴』이라는 사람은 유명한 작품에는 거의 출연한 사람인데, 기타를 잘 치고 노래를 잘 부르는 사람입니다.

이 사람의 노래가운데 "누군가 당신을 사랑할 때 까지 당신은 아무것도 아니다." 라는 가사가 있습니다. 누군가가 당신을 사랑하고 있다는 것을 깨닫기 전에는 당신은 사람이 아니라는 것입니다.

성경에서 말씀하시기를 "하나님이 세상을 사랑하신다"고 했습니다. 불법과 무질서의 세상, 혼란의 세상, 절망과 낙심의 세상, 사랑이 식어져 가는 세상, 사람들의 심성은 점점 포악하고 완악하여 동물 이하로 떨어져 버린… 바로 이러한 세상을 사랑하신다는 것입니다.

노아 시대에 120년을 기다리신 하나님은, 오늘도 여전히 우리를 사랑하십니다. 세상의 모든 죄악을 낱낱이 보고 계시고 아시면서도, 모른척 하시고… 참으시며 기다리시는 것입니다. 어떻게 하든지 하나님께로 돌아오기를 기다리시는 것입니다.

이스라엘 백성들은 하나님의 놀라운 기적을 보았음에도 불구하고, 조금만 잘못 되어도 원망을 하고 불평을 했습니다. 반석에서 샘물이 나오게 해도 원망하고, 고기가 먹고 싶다고 해서 입에서 고기 냄새가 날 정도로 먹여 주셨어도 원망을 했습니다.

뿐만아니라, 모세와 아론을 향해서는 "야! 우리도 레위지파인데, 너희만 제사장이냐?" 하면서 시기하고 질투하고 원망을 했습니다. 그래서 고라와 250명의 일당들이 작당을 하고 제사를 드리려고 할때, 하나님께서 땅을 갈라지게 해서 다 멸하셨습니다(민 26:10). 그럼에도 불구하고 그런 백성들을 사랑하셨습니다.

광야에서 40년을 참으시고, 가나안에서도 거듭 참으시며, 북왕국과 남왕국이 죄를 범했을때에도 참으셨습니다. 바벨론의 포로가 되어서 민족이 완전히 없어질 위기에 처하였지만 그때도 참으셨습니다.

광야생활에서 구원하시고, 포로생활에서도 구원하시고… 계속해서 구원과 사랑을 베푸셨던 것입니다.

우리 하나님은 선민 이스라엘 백성들을 여전히 사랑하십니다. 앞으로 3차 세계대전이 온다고 해도 성령으로 인침 받아 택함받은 이스라엘 백성들은 멸망하지 않을 것입니다. 오늘 우리는 예수를 믿음으로 말미암아 택함받은 백성이 되었으니 예수로 말미암아 구원을 받을 것입니다.

세상이 멸망하고 무슨 중성자탄이 터지고, 핵 폭탄이 터진다고 해도 예수그리스도께서 우리를 사랑하시기 때문에 우리는 걱정이 없습니다. 우리가 예수를 믿는 다는 것은 하나님의 사랑을 받은 것입니다. 엄청난 택함을 받은 것입니다.

우리 하나님은 세상 사람을 이렇게 사랑하시는 것입니다. 그러므로 내 마음에 맞든지 안맞든지, 내 기분에 맞든지 안맞든지, 내 성격에 맞든지 안맞든지, 하나님의 백성이라고 하면 할 말이 없습니다. 왜냐하면 하나님이 사랑하시니까 나도 사랑해야 되기 때문입니다.

하나님은 이세상의 모든 사람들을 사랑하십니다. 병든 사람을 사랑하시고, 천한 계층의 사람들을 사랑하시며, 삶이 곤고하고 힘이 없는 사람들도 사랑하십니다. 분명히 저주를 받고 멸망을 받아야 할 사람인데도 그것을 다 아시면서 사랑하십니다.

이북사람들이 너무 배가 고프니까 고위계층의 사람들은 안그렇지만, 일반 서민들은 "이래도 죽고 저래도 죽을 바에야 꽝 터져라!" 한다는 것입니다. 그러나 하나님은 "아니다" 하고, 오래 참으시는 사랑으로 우리를 사랑하시는 것입니다.

하나님은 특별히 고아나 과부나 천한 계층의 사람들을 더 사랑하십니다. 이는 약속의 말씀입니다(신10:18). 그러므로 실패했을 때, 절망적일 때, 낙심하고 좌절할 것이 아니라… 더욱 하나님 앞에 무릎을 꿇고 기도하면 하나님은 더 긍휼히 여기시고 우리의 간구를 들으십니다.

마지막으로, 하나님은 우리에게 독생자까지 주셨다는 것입니다. 독생자를 주신것은 사랑의 극치입니다. 부모가 자식을 정말 사랑하니까 자꾸만 주게 됩니다. 요즘 젊은이들은 결혼을 해서 신혼여행을 마치고 돌아오는 길에는 따로따로 온다고 합니다. "오늘부로 끝장이다!" 하면서 신혼여행을 마치고 돌아오면서부터 이혼하는 사례가 많다는 것입니다.

사랑할때는 모든 것을 다 주는 것입니다. 마음을 주고, 물질을 주고, 몸을 주고… 다 주는 것입니다. 그런데 다 주어도 한가지는 안주고 꽉 쥐고 있는 것이 있습니다. 바로 '자존심' 이라는 것입니다.

그러나 정말 사랑하면 자존심이 어디 있습니까? 모든 것을 다 준다고 해도 아까울 것이 없는 것입니다. 진짜 사랑은 다 주는 것입니다. "내가 남자인데…" "내가 여자인데…" "제까짓게 뭐…" 하는 이 자존심은 다 버려야 합니다.

부부간에 자존심이 어디 있습니까. 부부는 일체라고 했는데, 자존심을 내세워서 무엇 합니까. 다 내몸이요, 바로 나 인 것을 모르는 것입니다. 그래서 먼져 져 주는 사람이 그래도 어른입니다.

우리 하나님은 하나님의 자존심을 완전히 없애 버렸습니다. 사랑하는 아들을 세상에 보내셔서 저주 받아 십자가에 죽기까지 우리를 사랑하신 사건은 하나님의 자존심을 완전히 배격하신 것입니다. 이는 바로 나를 사랑하신 까닭입니다.

고통스러운 십자가, 버림받은 십자가를 예수님이 지고 가셨습니다. 하나님의 입장에서 보면, 참으로 자존심 상하는 일들이지만, 우리를 사랑하시기에 이러한 자존심을 완전히 버리신 것입니다.

그래서 예수님이 스스로 죄인의 모습으로 이 세상에 오셨고, 십자가에 달려 돌아 가셨습니다. 중요한 것은 이 사실을 믿을 때, 멸망치 않고 영생을 얻는다는 사실입니다.

 그러므로 하나님이 우리를 사랑하신다는 사실에 감격하며, 그 사랑안에서 삶에 생명력과 능력과 확신을 가지고 항상 승리하며 살아가는 복된 교사가 되시기를 주의 이름으로 축원합니다. 할렐루야!

"네 속에 있는 하나님의 은사를 다시 불일듯하게 하라"

올바른 교육을 하는 훌륭한 스승과 제자

〈스승주일〉

> 이는 네 속에 거짓이 없는 믿음을 생각함이라 이 믿음은 먼저 네 외조모 로이스와 네 어머니 유니게 속에 있더니 네 속에도 있는줄을 확신하노라 (디모데후서 1장5절).

바울은 로마에서 1차 투옥생활 후 잠시 풀려나 에베소 마게도냐 그레데 드로아 등을 방문, 선교활동을 했다. 이 시기에 디모데전서와 디도서를 썼는데 그후 드로아에서 갑자기 체포되어 로마로 이송, 옥중생활을 하면서 자기의 죽음이 임박했음을 직감하고 외롭고 추운 감옥에서 그의 젊은 믿음의 제자에게 개인적인 편지를 쓴것이 디모데후서이다.

바울은 옥중에서 디모데 보기를 간절히 소원했다. 외로웠기 때문일까. 아니다 그 보다 거짓이 없는 믿음의 소유자인 제자 디모데를 봄으로써 큰 기쁨과 위안을 얻고자 함이었다. 자기가 가르친 제자가 훌륭하게 된 모습을 바라보는 기쁨은 선생님 만이 가지는 보람일 것이다. 흔히 하는 말로 오늘날 선생은 많은데 스승은 없고 학생은 많은데 제자는 없다 는 탄식을 듣는다. 가슴 아픈일이다. 이런 점에서 바울과 디모데는 훌륭한 스승과 제자였다. 이 때문에 바울은 진리 안에 거한 디모데가 유독 보고 싶었다. 디모데는 어떤 제자였나.

첫째, 참된 믿음을 소유한 제자 디모데

요즘사람들은 풍채는 늠름한데 속이 빈 사람도 있고 외모는 빈약해도 속이 찬사람이 있다. 디모데의 외모가 어떠했는지에 대해서는 자세히 알 수 없으나 그의 내면적인 생활은 그의 속에 믿음이 있었고 그 믿음을 소신껏 펴나갈 은사가 있었다. 디모데는 그의 외모가 빈약하다거나 나이가 어리다는 이유때문에 멸시받을 수 없는 사람이었다.

사람은 겉보다 속을 잘 해야한다. 인간은 진열장에 전시된 전시품이 아니기 때문이다. 그래서 베드로전서 3장3절에는 "너희 단장은 머리를 꾸미고 금을 차고 아름다운 옷을 입는 외모로 하지말고 오직 마음에 숨은 사람을 온유하고 안정한 심령의 썩지 않을 것으로 하라 이는 하나님 앞에 값진 것이니라"는 말씀이 있다. 그러므로 참된 제자의 길은 누구나 인정하는 아름다운 모습으로 비추어 지는 줄 믿습니다.

둘째, 디모데는 믿음의 배경이 있는 제자였습니다.

요즘 현실적으로는 모태신앙을 가지고 있는 분들의 모습 중 진정한 신앙인을 찾기란 매우 어려운 현실속에 있습니다. 뿐만아니라 현실에는 재벌의 아들이라는 것을 믿고 거만하게 행동하는 사람도 있고 권력층의 친인척이라 해서 우쭐대는 사람도 흔히 볼 수 있으나, 디모데는 그 배후에 권력층이 있어서도 아니고 재벌이 도사리고 있어서도 아니라 믿음의 할머니와 기도의 어머니가 그의 배후에 있고 이들 경건한 조상의 배후에는 살아계신 하나님이 계셨기에 옥중의 바울이 특별히 보고 싶은 제자가 된 것입니다. "여호와께 피함이 사람을 신뢰함보다 나으며 방백들을 신뢰함보다 낫도다" (시편 118편8~9절)

가장 중요한 배경 중에 신앙의 스승님께서 제자들의 밑그림이 되어 주신다면 제2의 디모데 같은 제자들을 많이 길러 내실 줄 믿습니다.

셋째, 믿음으로 장래성을 심어주는 스승이 됩시다.

진정한 스승과 제자의 관계는 서로가 신뢰하는 관계가 형성되어야 합니다 그러므로 속에 든것이 없으면 밖으로 뻗어 나갈 수 없고 뒤에 기반이 없으면 앞으로 밀고 나갈 힘이 없는 법입니다. 속이 비고 뒤가 허술한 상태에서는 장래 또한 밝을 수 없습니다. 디모데와 같은 제자는 가야할 길이 멀고 해야할 일이 많은 장래가 촉망되는 제자였기 때문에 옥중의 바울은 이런 서신을 보냈습니다. 좋은 스승은 제자의 앞길에 커다란 힘이 되어 주며 소망을 심어주는 법입니다.

성경말씀에 "네 속에 있는 하나님의 은사를 다시 불일듯하게 하라"(디모데후서 1장6절). "자기를 깨끗하게 하여 귀히 쓰는 그릇이 되어 거룩하고 주인의 쓰심에 합당하며 모든 선한 일에 예비함이 되라"(디모데후서 2장21절). "때가 이르리니 사람이 바른 교훈을 받지 아니하며…자기의 사욕을 좇을 스승을 많이 두고 그 귀를 진리에서 돌이켜 허탄한 이야기를 쫓으리라 그러나 너는 모든 일에 근신하여…네 직무를 다하라"(디모데후서 4장3~4절) 이처럼 바울은 디모데를 철저히 믿고 또한 하나님께서 귀히 쓰시는 일꾼으로 인정하며 하나님께 감사 하였습니다. 어떤 교육이던 가르치는 위치에 있다면 자신의 모습은 거울처럼 투명해야 될 것입니다. 이제는 바울과 디모데처럼 우리도 좋은 스승과 제자가 된 다면 한국교회는 희망이 있고 소망이 넘칠 것입니다.

- 자신의 역할을 다하는 겸손한 청지기
- 내양을 먹이며, 치라
- 나, 교사 맞나요?

김인기 목사

나는 청지기 삶을 위한 열정이 있는가?

자신의 역할을 다하는 겸손한 청지기

본문 : 요 13:14-15

　　　　　로또로 인생 대박을 꿈꾸는 시대에 살고 있다. 복권으로 인생역전을 꿈꾼다는 것은 그만큼 이 사회가 성실히 일하여서는 결코 행복해 지기는 어렵다는 이야기일 수도 있다.
　그러나 문제는 로또 복권에 당첨되었다고 해서 인생 역전은 가능한 것인가이다.
　부모가 풍부한 재산과 잘 갖추어진 가정을 이루어서 그곳에 태어나 마치 행복과 명예를 손에 쥐고있는 것처럼 보이는 사람도 있고, 반대로 구차한 가정에서 어렵게 태어나 인생을 시작하는 사람도 있을 수 있다. 사람은 저마다의 각기 다른 환경에서 태어나 살도록 되어있지만, 한 가지 동일한 것은 같은 하늘아래에서 공기를 마시며 같은 땅을 밟으며 살아가고 있다는 것이다. 진정한 인생 역전은 물질로 가치관을 두고 부귀를 꿈꾸는 것보다, 적어도 이 세상에서 나는 주위에 어떤 영향력을 끼치는 청지기로써의 삶을 어떻게 살것인가에 우리는 목적을 두어야 한다. 부자로 살았던 사람 그러나 지옥에 떨어진 인생은 그 이름조차도 성경에 기록되어 있지 않지만, 가난한 거지로 살았던 사람, 그러나 끝내 아브라함의 품에 안긴 그는 나사로 라고 이름이 기록되어있지 않은가?

기독교사상은 로마제국에 적잖은 영향력을 끼치었다. 비록 당시 로마제국에 기독교에 대하여 엄청난 박해가 있었지만 아이러니한 것은 초대교회의 조직과 운영 교육체계등 도시를 이루며 문화를 꽃피웠던 당시 로마의 모든 것은 초대교회의 영향을 받은 것들이 었다. 그럼 무엇이 그토록 당시의 로마를 기독교문화로 바꾸어 놓을 수 있었을까? 그것은 바로 복음서를 통해서 찾아볼 수 있는 종으로 이세상에 오신 예수그리스도의 삶과 가르침 그리고 십자가와 부활 사건이었다.

특별히 예수그리스도의 섬김의 삶의 모습은 우리가 이 세상을 어떻게 살아야 하는지에 대하여 확실한 답을 주고 있다. 예수님은 종으로 오셔서 우리에게 섬김의 본을 보여주시며, 우리에게 청지기란 어떻게 살아야 하는가를 알려주셨다.

예수님은 청지기에 대한 비유의 말씀을 통해서 청지기가 갖추어야 할 조건들을 말씀하셨다. 성경에서 청지기라 함은 다른 사람 즉, 자신보다 지위가 높은 사람이거나 재산이 많은 사람의 가정살림을 맡아 관리하는 사람을 뜻한다. 구약에는 요셉의 경우(창

43:16,19)에 사용되었고, 신약에는 오이코노모스 라는 말로 예수님의 말씀속에서 찾아볼 수 있다(마24:45, 눅12:42). 그들은 지혜가 있고 건강하며 주인의 명령에 순종하는 사람들이었다.

본론

청지기는 무엇인가를 경영하고 관리하도록 책임을 맡은 사람을 말한다. 이 일을 위해 하나님은 우리를 부르셨고(Called), 은사를 주셨고(Gifted), 훈련시키시고(Trained), 그리고 교회와 세상으로 보내셨다(Sent).

즉, 청지기 직분이란 다른 사람을 위해 존재하는 삶을 기본으로 한다. 또한, 자신의 삶과 하나님이 주신 소유에 대한 청지기의 역할도 다해야 한다.

A. **청지기의 역할** (Functions of Steward)
청지기의 역할은 크게 두가지 영역에서 사역을 나눌 수 있다.

a. 교회안에서 - 섬김으로(to Served), 예배로(by Worship). 즉, 청지기는 성도를 섬기며 도우며 합력하여 선을 이루는 것을 기본적인 신앙생활속에 이룰 수 있어야 한다. 또한 하나님앞에서는 예배의 본을 보임으로 온전한 신앙을 이루는 것이어야 청지기의 기본적인 교회안에서의 역할이라 할 수 있다.

b. 교회밖에서 – 전도(Evangelism)이다. 또한 경건하면 건전한 생활을 통해서(through the Lifestyle) 삶을 통한 복음전도를 실천할 수 있어야 한다.

특별히, 교회안에서의 사역과 교회밖에서의 생활을 통한 청지기의 역할의 공통적 특징은 무엇보다도 사랑으로 하는 섬김의 생활이어야 한다.

B. **청지기 확인** (Checklist of stward)

우리자신이 청지기로써 합당한 삶을 살아야 하는 것을 기본으로, 먼저 우리자신이 청지기로서 자격을 갖추었는가를 알아보려면, 다음과 같은 사항들을 통해 확인해 볼 수 있다.

a. **나는 청지기 삶을 위한 열정이 있는가?**
교회안과 밖의 삶속에서 우리 자신들 속에서 타인의 영혼을 향한 뜨거운 소망과 영혼을 사랑하는 열정이 어떠한 특정한 사역이나 대상을 향해 일어나는 현상이 있는지를 확인해야 한다. 이러한 열정은 우리에게 어디에서 청지기 삶을 구체적으로 실천할 것인가에 대한 답변을 해 줄 수 있다 (시편37:3-5).

b. **청지기로서 은사가 있는가?**

성경에서 언급하고 있는 많은 은사 가운데 자신이 가지고 있는 은사를 발견하여 그 은사를 통한 구체적인 청지기 삶을 실천할 수 있다. 성령을 통해 우리에게 은사를 주시는 목적은 바로 우리에게 무슨일을 통하여 구체적인 청지기의 삶을 살것인가에 대한 해답을 제시하고 있기 때문이다(에베소서 4:11-16).

특별히, 청지기 삶에 있어서 발견된 개인의 은사는 교회 안에서 받드시 서로를 세워주며 덕을 세우며 하나님의 교회를 섬기는 것에 사용되는 것이 목적인 것을 기억해야 한다.

c. **나의 개성은 다른사람과 어떻게 다른가?**

각 개인의 성격과 삶의 스타일은 모든사람들이 서로 얼굴이 다른것처럼 다를 수 있다. 이 개성을 통해 우리는 어떻게 청지기 삶을 살아야 하는가 에 대한 답변을 줄 뿐만아니라 개인의 특성에 맞는 사역을 어떻게 구체적으로 실천할 것인가에 대하여 명확하게 제시해 주고 있다(시편 139:13-16).

C 청지기의 자세 (An Attitude of Steward)

청지기의 자세는 섬김과 사랑으로 하는 청지기 생활이어야 한다 (고전13:1-13).

고린도전서 12장에서 그리스도의 몸과 영적은사에 대해 우리는 그 구체적인 것들을 찾을 수 있다. 그리고 그 결론적인 부분(12:31)에서 다음과 같은 말씀을 찾을 수 있다. 즉, 사랑이 없는 은사는 하나님이 누구신지를 나타내지 못하며 하나님 나라의 영광을 나타내지 못한다고 기록하고 있다. 또한 사랑없는 청지기 사역은 그 자체가 의무감에서 비롯된것임으로 하나님이 받으시는 사역이 될 수 없다. 그러나 사랑으로 하는 청지기의 삶은 예수그리스도의 섬김의 정신을 바탕으로 하는 것으로써 하나님이 영광을 받으시는 사역이 되는 것이다.

청지기 사역의 동기는 철저히 소금과 빛처럼 희생하는 것이요 (마5:16), 또한 종처럼(요13:14-17,35) 섬기며 사랑하는 삶인 것을 잊지 말아야 한다.

결론

예수그리스도는 겸손히 섬기는 청지기로써 세상에 오셔서 그 사역을 통해 주위를 변화시키고 문화를 바꾸었으며 죄를 변하여 하나님의 나라를 세우셨다. 주님이 몸소 보여 주신 청지기의 역할을 통하여 우리는 이제 그리스도의 빛을 교회와 세상에 비추는 것이다. 교회안에서는 사랑을 바탕으로 하는 섬김의 모습으로, 그리고 세상에서는 한 영혼 한 영혼을 진정으로 그리스도의 가슴으로 끌어안고 함께 고통과 즐거움을 나눌 수 있는 겸손한 모습의 그리스도인으로서의 모습이야말로 진정한 청지기의 역할이 되는 것이다. 청지기의 삶은 그리스도의 사랑과 섬김의 본을 따름으로 가능하며 그것은 또한 세상과 교회를 향한 하나님의 목적을 이루는 것이며 또한 하나님의 나라를 더 크게 확장하는 사역이며 주님의 명령이다(마28:19-20).

학생들을 관리한다는 것은 목자들이 양을 치는 모습이라 하겠다.

내 양을 먹이며, 치라

본문 : 요 21:15-17

서론

교사는 주님을 사랑하는 사람들이다. 주님의 사랑을 받은 경험 있는 사람만이 주님의 사랑을 말할 수 있으며, 전할 수 있기 때문이다. 부모로부터 사랑을 받으며 자란 자녀들만이 이 세상을 더욱 아름답게 볼 수 있으며, 남에게 사랑을 베풀수 있는 것처럼, 만일, 주님의 사랑을 받은 경험없는 교사가 학생을 사랑한다는 것은 왠지 어색한 일이 될것이며, 그리스도의 사랑으로 가르친다는 것은 불가능하다.

본론

교사의 진정한 헌신은?

1. 주님의 사랑으로 충만할 때 가능해 진다.

주위의 환경이나 어떤 조건보다도 주님을 더욱 사랑하며 의지할 때 전문적인 교사로서 헌신할 수 있게된다(15절).

섬기는 마음과 돕는 마음 그리고 본이되는 삶은 주님의 사랑을 받고 있는 교사의 모습이라 할 수 있다.

2. 주님의 사랑으로 양육된 교사가 헌신한다.

주님의 사랑으로 양육되었다는 것은 성령충만한 생활을 유지하는 신앙생활을 의미한다. 또한 성령충만한 교회에서 신앙생활과 신앙교육을 기본적으로 받고 자란 교사라는 의미도 있다. 이와같이 성장하고 양육된 교사는 어린영혼 하나하나를 주님의 사랑으로 양육할 수 있다는 뜻이다. 특별히 구원에 대하여 바르게 말할 수 있어야 하며, 올바른 신앙지도와 성경공부, 반 모임 활성화, 제자 양육 등을 전문적으로 행할 수 있는 준비가 되어야 헌신할 수 있다.(16절).

3. 주님의 사랑으로 어린영혼을 관리할 수 있는 능력을 갖춘 교사가 헌신한다.

어린학생들을 관리한다는 것은 목자들이 양을 치는 모습

이라 하겠다. 이것은 보다 전문적인 교사들의 역할을 말한다. 스스로 성장할 수 없는 어린아이들처럼 그들의 영혼도 누군가의 보살핌과 관리없이는 성장할 수 없으며 열매맺는 데에 까지 이를수 없다. 헌신할 수 있는 교사는 주님의 성품으로 생명들을 관리하며 찾아가며, 다른 또래의 새로운 친구들에게 주님을 전하며 새로 찾아온 학생들이 적응할 수 있도록 도우며 그들을 관리할수 있는 능력을 갖추어야 한다. (17절)

4. 목표를 세울 수 있는 교사가 헌신할 수 있다.

개인의 신앙목표를 세우고 그것을 향하여 계속 기도하고 사역하는 개인적 영적생활에 관한 목표가 분명한 교사가 헌신할 수 있다. 또한 맡겨진 어린 영혼 하나하나에 대한 관리와 운영 그리고 맡겨진 반에 대한 목표를 세울 수 있어야 한다.

이와같이 운영의 능력을 갖춘 교사는 주님앞에 보다 쓰임받는 교사로 헌신할 수 있다.

결론

어느 누구나 그리스도의 사랑을 받으면 바로 교사가 될 수 있는 것은 아니다.

적어도 교사로서 양육된 경험이 있어야 하며 교사로서 배움과 훈련된 기본적인 자격을 갖추어야 한다. 뿐만아니라 단순히 어린 생명에게 말씀을 가르친다라는 것만으로 교사로서 사명을 다하는 것이라고 볼 수 없다. 보다 전문적인 교사로서 사명을 감당할 수 있어야 한다는 말이다. 즉 전문적인 교사로서 헌신하려면, 자기자신이 교사로서 분명한 소명의 확신이 있는 교사만이 교사로서 헌신이 가능하다.

둘째로는 교사로서 가장 중요한 창의력을 갖추고 있어야 한다. 이것은 보다 효과적으로 말씀을 가르치는 능력을 의미하는 말이다. 끝으로 교사는 사랑으로 섬김의 본을 보일 수 있는 교사이어야 헌신하는 교사로서 그 사명을 다하는 교사가 되는 것이다.

교사의 모습은 섬김과 겸손임을 잊지마라.

나, 교사 맞나요?

본문: 엡 4:11

서론

본문의 말씀은 주님께서 성령을 통하여 각 사람에게 선물의 분량대로 직분을 주신것이라고 말씀하고 있다. 즉, 교사는 먼저 하나님으로부터 자신이 교사로 부르심을 받았다는 소명의 확신과 교사로서 감당하도록 은혜를 받았음을 인식할 수 있을때 헌신할 수 있는 것이다. 또한 교사는 하나님으로부터 받은 은사를 통해 보다 효과적으로 주님을 증거하며 말씀을 가르칠 수 있는 창의력을 갖춘 교사가 전문적인 교사로서 사역이 가능해 진다.

본론

훌륭한 교사는 다음의 7가지 특징을 갖는다.

a. 하나님의 도우심을 구한다.
  - 기도할 줄 아는 교사가 전문인 교사이다.

b. 가르칠 것을 미리 준비한다.
- 어떻게 하면 보다 효과적으로 가르칠 수 있을까를 늘 연구하는 교사가 전문인 교사이다.

c. 즐거운 학습이 되게 하라.
- 교회에 나오기가 너무너무 재미있다는 말을 들을 수 있게 하라.

d. 계획을 세워 가르치라.
- 월 목표, 분기별목표, 학기별, 연간목표를 반별로 세울 수 있어야 한다.

e. 좋은 교실분위기(환경꾸미기)를 만들어라.
- 준비된 환경, 깨끗한 환경속에서 보다 효과적인 성경학습이 가능하다.

f. 목표를 세우고 실천하라.
- 목표를 세우는 것 뿐만아니라 반드시 실천해야한다.

g. 찾아가서 가르치라.
- 한 영혼 한영혼 관심을 가지고 만나며 찾아가서라도 바르게 되도록 가르칠 수 있어야 한다.

비 전문인 교사는 다음과 같은 10가지 모습을 가지고 있다.

a. 준비하지 않는다.
- 성경을 미리 읽어보거나 공과를 정리하는 일을 하지 않는다.

b. 많은 것을 가르친다.
- 공과 이외에 다른것도 가르치려고 한다.

c. 분위기를 파악하지 않는다.
d. 성경책으로만 가르친다.
   - 아무런 부교재를 활용하지 않으려 한다.(준비미비)
e. 설명을 위해서는 무엇이든 가리지 않는다.
   - 성경외에 다른곳도 진리로 전하려 하거나 인용한다.
f. 분반교실은 아무곳이든 상관하지 않는다.
g. 개인적으로 성경은 조금만 읽는다.
h. 아이들은 꾸짖지 않는다.
I. 재방송 하지 않는다.
j. 결정할 수 있는 틈을 주지 않는다.

결론

전문인 교사가 되는 16가지 방법

1. 교사자신을 배우게 하라.
2. 사랑을 가르치라.
3. 책임감을 인식하라.
4. 하나님의 진리의 말씀이 교사자신의 마음속에서 아이들의 마음속으로 전달 될 수 있게 하라.
5. 실력 있는 교사는 자신을 하나님께 그리고 반 아이들에게 100%드리는 교사이다.
6. 아이들의 필요사항을 알고 있어야 한다.
7. 아이들이 늘 영적으로 성장할 수 있도록 기도하라.
8. 아이들의 안전을 위해서 그리고 잘 되기를 위하여 애

정을 가지고 기도하라.
9. 아이들이 올바르고 친절하며 다른 아이들을 배려할 수 있도록 그리고 서로 서로 공동체라는 사실을 기뻐할 수 있도록 가르치라.
10. 어린 영혼 한 영혼, 한 영혼을 주님이 나에게 맡기셨음을 기억하라.
11. 아이와 이야기할 때는 100% 아이에게만 집중하라.
12. 교사의 모습은 섬김과 겸손임을 잊지말라.
13. 공과의 목표를 확실이 알고 가르치라.
14. 더 나은 교사가 될 수 있도록 노력하라.
15. 주님과 교사 자신과의 관계가 최우선이다.
16. 내가 맡은 아이들은 내가 관대하고 명랑할 때 최고의 것을 배운다는 것을 잊지말라.

박천일 목사

- 주를 가르치는 교사
- 목자 같은 교사
- 인정받는 교사
- 부모같은 교사
- 좋은 교사

주를 가르치는 교사는 주님의 마음을 알아야 한다.

주를 가르치는 교사

본문 : 고전 2:16

세상에는 여러 종류의 교사들이 있다. 가르치는 내용에 따라 교사들의 명칭도 다르다. 국어교사, 수학교사, 무용교사, 체육교사…

그런데 우리는 무엇하는 교사이냐고 하면 주를 가르치는 교사이다. 세상 학문이나 철학이나 신화를 가르치는 교사가 아닌 주를 가르치는 교사이다. 주를 가르치는 교사는.

1. 주를 알아야 한다.

가르치는 사람이 가르치는 과목의 내용을 모르고 가르칠 수 없다. 우리는 주를 가르치는 교사로서 주를 알아야 한다. 그런데 예수님은 인격이시기 때문에 만나서 같이 살지 않으면 알 수가 없다. 사랑하는 교사 여러분! 나를 아시는 분 손들어 보세요!

여러분은 내 이름 석자, 출신, 키, 성격 등 어느 정도는 알 수 있을것이다. 그러나 이것 가지고는 부족하다. 나를 전부 안다고 할 수 없다. 나를 제일 잘 아는 사람은 내 아내다. 나와는 겨우 20년 정도 살았다. 나를 낳아준 어머니보다 더 나를 잘 안다. 나의 잠자는 버릇, 걸음걸이, 세수, … 심지어 눈알 돌리는 것을 보아 마음까지 헤아린다. 같이 살기 때문이다. 마찬가지다. 주를 가르치는 교사는 예수님과 같이 살아야 한다. 그런데 교회에 나와 예배할 때는 예수님과 생활하다 직장생활, 사회생활에서는 잊어 버린다. 그렇게 되면 성경의 사건, 성경역사와 교훈을 가르칠 수는 없다. 예수님과 같이 산 자는 잠시도 잊을 수 없다. 의식에서는 물론이고 무의식에서라도 주와 동행해야 한다. 주를 아는 것은 머리로만 알아도 안되고 예배당에서만 가르치지 말고 언제든지 주와 동행하면서 가르쳐야 한다.

그러면 어떻게 주를 또한 알 수 있을까? 예수님을 아는 길은 성경을 통하여 알 수 있다.(요 5:39)

성경 밖에서는 예수님을 배우는 길은 없다. 그렇다면 사랑하는 교사 여러분! 주를 가르치는 교사된 여러분이 성경을 얼마나 읽으셨는가? 10번 이상 읽은 사람 손 들어 보라. 여러분! 성경을 제대로 읽지 못한 나에게서 어린 아이들이 무엇을 배울 수 있는가 깊이 생각해 보라. 물론 우리 손에 공과책이 주어져 있으나 그것은 교재 아닌 참고서이고 요리책과 같은 것이다.

유일한 공과는 성경이다. 우리는 어린아이에게 사료를 주는 교사가 아닌 사랑이 담긴 양식을 주어야 한다. 그러기 위해서는 성경을 많이 보고 배워야 한다.

2. 주의 마음을 알아야 한다.

주를 가르치는 교사는 주님의 마음을 알아야 한다. 주를 아는 것은 성경을 통하여 알 수 있으나 주의 마음을 아는 것은 직관적인 통찰력밖에 없다. 주의 말씀이 오늘 이 자리에 무엇을 말씀하시는가를 알아야 한다. 옛날 이야기처럼 예수님을 가르쳐 주어서는 안 된다. 가령 5병 2어의 사건을 역사적 사실로만 가르친다면 무슨 유익이 있겠는가?

단순히 예수님은 기적을 창조하는 위대한 사람은 될 수 있을지 모르나 참 하나님은 될 수가 없다. 그러기에 기도하는 시간이 있어야 한다. 어린 심령들에게 생명을 공급하는 교사로서 성령의 도움없이, 기도없이 참 생명의 양식을 공급할 수 없는 것이다.

3. 주의 마음을 가져야 한다.

예수님은 주의 마음을 아는 것만으로 만족하지 않으신다. 우리가 예수님의 마음을 갖도록 원하신다. 예수님을 성경에서만, 서재에서만, 기도하는 시간에만 만나면 안 된다. 우리는 주의 마음을 가져야 하고 예수님을 닮도록 해야 한다. 사도 바울은 '우리가 그리스도 마음을 가졌느니라'고 하였다. 주를 가르치는 우리가 주의 마음을 가져야 한다. 그리스도의 마음은 사도들만 가져야 되는 것이 아니라, 교사인 우리가 가져야 한다. 바울은 그리스도의 마음을 품고, (빌 2) 그리스도의 심정으로 사모할 것을(빌 1:8) 권면하고 있다. 우리는 가르칠 때 그리스도의 마음을 가지고 가르쳐야 되고, 그리스도의 심정으로 가르쳐야 한다. 우리의 생각, 마음, 뜻이 주님과 같아야 한다.

교사 여러분! 나는 주를 가르치는 교사로서!
1. 주님을 잘 알기 위하여 성경 열심히 읽고
2. 주의 마음 알기 위해서 기도 열심히 하고
3. 주의 마음 갖기 위해서 언행심사간에 주를 닮도록 노력하여 주님을 가르치는 교사가 되자.

선한 목자이신 예수님은 자기 양을 아신다고 하셨다.

목자같은 교사

본문 : 요 10:11-16

목자는 양을 치는 사람이다. 성경은 예수님을 일컬어 우리들의 선한 목자시라고 한다. 그리고 교회를 담당하여 교인들의 신앙생활을 보살피는 목사를 목자라고 한다. 주교 교사는 교사일 뿐만 아니라 어떤 의미에서 목자와 같은 자이기에 '작은 목자'라고 불러보고 싶다.

주교 교사는 단순히 가르치는 교사만 아니라 어린 심령들을 맞아서 그들의 신앙생활을 보살피는 사람이기에 목자인 것이다. 사실 특별한 몇몇 교회를 제외한다면 거의 모든 교회에서는 주교 교사가 그 맡아 있는 심령들의 신앙을 보살피는 유일한 존재라고 하여도 잘못된 말이 아닐 것이다.

주교 교장도 계시고, 주교 교감도 계시며 부장도 계실 것이다. 그러나 많은 경우에 교장도, 교감도, 부장도 학생들의 신앙 생활의 세세한데까지 살피지를 못하고 있을 것이다. 그것만 아니라 학생들 스스로도 주일학교의 교장, 교감, 부장 등에 대하여 그렇게 큰 관심이 없어 보이기도 하는 것이다. 그러므로 최일선에서 어린이들을 맞아서 가르치기에 수고하시는 교사야 말로 그들의 신앙생활을 보살피는 목자가 아닐 수 없다.

그러므로 목자의 역할을 다하여야 하는 주교 교사가 해야 할 일들을 생각하여 보려고 한다. 주교 교사가 이 일을 잘 하게 되므로 참된 의미에서 성공적인 교사가 될 것이다.

1. 선한 목자는 양들을 알아야 한다.

선한 목자이신 예수님은 자기 양을 아신다고 하셨다.(요 10:14) 그러므로 주교 교사도 자기가 맡아 있는 학생들을 알아야 한다. 어떠한 처지에 있는지… 어려움은 없는지, 무엇을 도와야 할 지… 등을 알아야 한다. 그러기 위하여서 심방하는 일도, 마음에 늘 기억하는 일도, 위하여 기도하는 일도 필요하게 되는 것이다. '네 양떼의 형편을 부지런히 살피며 네 소떼에 마음을 두라'(잠 27:23)고 성경은 말씀하신다. 맡아 있는 학생들의 형편들을 부지런히 살피며 그들의 상태에 따라 적절하게 도우며, 먹이며, 기르기를 힘쓰는 교사라야 성공할 것이다.

2. 선한 목자는 앞서 간다.

목자는 양들의 앞에 서서 가고, 양들은 앞서가는 목자를 따라가는 것이다.(요 10:4) 목자가 앞서가는 것은 양들이 따라 오도록 앞서가는 것이다. 그러므로 교사들은 앞서가야 하고 학생들은 앞서

가는 교사들을 따라가야 한다. 여기에서 앞서간다는 것은 본이 되는 것을 말한다.

믿는 일에 본이 되어서 그 교사같이 믿기만 하면 구원을 얻으며 축복을 받을 수 있도록 본되게 믿어야 한다. 성경애독 생활에서, 봉사의 생활에서, 가정생활에서, 사회생활에서, 언행심사에서 모두 본이 되어야 한다. 물론 이렇게 되기가 쉽지 아니하고 힘들고 어려운 일이다. 그러나 교사로서 어린 심령들을 맡아 그들의 영혼을 돌보려 할 때 그렇게 되어야 하며, 그렇게 하여야 하는 것이다. 인간적인 능력으로 할 수 없을 것이나 기도와 말씀에서 얻는 하나님의 은혜의 힘으로는 넉넉히 감당할 수 있을 것이다.

3. 선한 목자는 양들을 이리떼에서 지켜주어야 한다.

삯군은 이리떼가 오는 것을 보면 양들을 버리고 달아난다고 한다. 그리고 양들로 하여금 이리떼에게 크게 피해를 입어도 방임하여 둔다. 그는 목자가 아니고 삯군이기 때문이다.(요 10:12) 그러나 선한 목자는 그럴 수가 없는 것이다. 선한 목자는 양들을 위하여 목숨까지라도 버릴 수 있는 사람이다.(요 10:11)

양떼를 노리는 이리떼가 많은 것처럼 오늘날도 성도를 미혹하고, 그릇되게 하려는 거짓 스승, 거짓 선지자의 무리가 많은 것이다. 양들이 연약하여서 이리에게 대항할 수 없는 것처럼 우리 교사들이 맡아 있는 어린 심령들은 거짓 스승이나 거짓 선지자들의 미혹을 이겨 낼 힘이 없는 것이다.

거짓 스승, 거짓 선지자들은 의의 일꾼으로, 선한 목자와 교사로 가장하여 나타난다. 진리가 아니지만 진리인양 그럴싸하게 꾸며대어 미혹하는 것이다. 그러니 분별하기도 어렵고 이겨내기도 힘드는 것이다. 여기에 교사들이 진리의 말씀으로 연단을 잘 받아서 목자다운 심정을 가지고 학생들을 잘 보살펴 주어야 하는 것이다.

4. 선한 목자는 우리에 들지 아니 한 양무리를 인도하여야 한다.

'또 이 우리에 들지 아니한 다른 양들이 내게 있어 내가 인도 하여야 할 터이니, 저희도 내 음성을 듣고 한 무리가 되어, 한 목자에게 있으리라' (요 10:16)

교회 안에 들어와 있는 학생들이 우리가 돌보아야 하는 학생들의 전부가 아니다. 교회 밖에 있으되 교회에 들어와서, 목자의 돌봄 속에서 살아가야 할 학생들이 얼마나 많은가? 선한 목자는 이러한 잃어버린 양들에 대한 관심이 강하지 않을 수가 없는 것이다. 그리하여 그러한 길 잃어버린 양과도 같은 심령들을 찾아가서 인도하므로 선한 목자시요, 목자장이신 예수님의 돌보심 가운데서 살아가게 하여야 하는 것이다. 이것이 전도적 사명이다. 잃은 양을 찾는 것은 학생수가 적어서 자리를 채우기 위한 것이 아니며, 교회의 재정을 충당하기 위하여 돈 있는 자를 데려오는 것도 아니라 글자 그대로 잃어버린 양을 찾는 것이다.

목자의 품을 떠나서 불쌍한 정황 속에 빠져 있는 양무리를 찾아 목자장이 되시고 선한 목자이신 예수님에게로 인도하는 것이다. 그러므로 이 일은 예배의 자리가 모자랄 만큼 학생들이 차고 넘쳐도 힘써 하여야 할 일인 것이다.

　우리들의 실정에서 보면 교사는 나이가 어린 학생 교사들도 적지 아니하다. 비록 학생 교사가 아니어도 젊은 교사들이 태반인 것이다. 교사들이 비록 나이가 어리고, 교회 안에서 중직(장로, 집사 등)을 맡지 아니 하였다고 하여서 교사의 직이 중요치 아니한 것이 아니다. 사실 너무나 중요한 직분이기에 그 중요성을 미쳐 다 강조할 수 없는 것이다. 주교 교사는 참된 의미에서 어린 심령들의 목자인 것이다. 그들의 신앙을 목자격인 교사들이 보살피지 아니 한다면 보살필자가 아무도 없는 것이다.

　그러므로 교만한 마음으로 내가 중직을 맡았노라고 뽐낼 것이 아니라 겸허하게 나에게 이러한 중직을 맡겨주신 목자장 되시는 주님께 감사를 드리면서 감격스러운 마음으로 어린 심령들을 위하여 다만 성경말씀을 가르치는 교사로만 아니라 그들의 영혼을 전담한 선한 목자의 충정을 가지고 그들을 사랑하고, 위하여 기도하고, 그들에게 지대한 관심을 기울이고, 말씀을 바로 가르쳐서 진정으로 생명의 길로, 축복된 길로 인도하여 주기를 힘쓰자. 그렇게 하면 목자장이신 예수님께서 시들지 아니하는 영광의 면류관을 주실 것이다.(벧전 5:4)

모범된 생활은 타인보다 먼저 솔선수범하는 생활입니다.

인정받는 교사

본문 : 딤전 4:6-16

'**누구든지** 네 연소함을 업신여기지 못하게 하라'는 말은 교사나 지도자가 업신여김을 받아서는 안 된다는 말입니다. 즉 교사는 그 권위를 인정 받아야 한다는 말입니다. 교사는 교사로서 그 권위를 인정 받지 못하면 교사로서 그 직분을 감당하기가 힘든 것입니다. 인정 받는 교사가 필요합니다. 그러면 어떻게 하여야 하나님과 사람에게 교사로서 인정을 받을 수 있겠습니까? 어떻게 하여야 어린이들에게 인정 받는 교사가 될 수 있겠습니까? 본문을 중심으로 다음 몇 가지로 생각해 봅시다.

1. 살아계신 하나님께 소망을 둔 교사가 인정 받습니다.(10절)

'이를 위하여 우리가 수고하고 노력하는 것은 우리 소망을 살아계신 하나님께 둠이니 곧 모든 사람 특히 믿는 자들의 구주시라'

우리는 교사나 지도자가 되기 전에 신자가 되어야 하는데 참 신자는 소망을 하나님께 두는 자입니다. 우리 삶에 있어서 소망을 어디에 두느냐에 따라서 삶의 태도와 방향이 달라지게 됩니다. 소망을 땅에 두고 사는 자는 돼지처럼 살게 되고 먹고 자고 먹고 자는 꿀돼지 인생이 되고 맙니다. 그러나 그 소망을 살아계신 하나님께 두고 사는 자가 참 신자요, 참 신자가 되어야 할 교사가 될 수 있고 참 교사는 참 소망을 가진 자요, 이런 교사가 하나님과 사람에게 인정을 받습니다.

살아계신 하나님께 소망을 두는 자가 산 소망을 가진 교사입니다. 예수님은 죽은 자 가운데서 살아나셔서 잠자는 자들의 처음 열매가 되셨고 또 다시 오시겠다고 약속하시고 승천하셔서 성도에게 산 소망을 주셨으니 '내가 너희에게 분부한 모든 것을 가르쳐 지키게 하라. 내가 세상 끝날까지 너희와 함께 있으리라' 하셨습니다. 이 산 소망을 가진 자가 충성하게 되고 또 하나님과 사람에게 인정을 받게 됩니다.

2. 모범된 생활을 하는 교사가 인정을 받습니다.(12절)

'오직 말과 행실과 사랑과 믿음과 정절에 대하여 믿는 자에게 본이 되어' 교사는 말과 행동이 어른에게 뿐 아니라 학생들에게도 본이 되어야 합니다. 더욱 사랑과 믿음생활에 있어서 본 되는 생활을 해야 하며 순결한 생활(정절)로 모든 신자와 어린 학생들에게도 모범을 보여야 합니다.

모범된 생활은 타인보다 먼저 솔선수범하는 생활입니다. 솔선수범하는 교사는 절대로 업신여기지 못하여 존경 받게 마련입니다. 교사가 교사다운 인정을 받으려면 학생에게 솔선수범하여 말과 선한 행실과 사랑과 믿음과 순결 면에 본을 보여야 합니다.

1. 실력 있는 교사가 인정을 받습니다. (13절)
'…… 읽는 것과 권하는 것과 가르치는 것에 착념하라'
무슨 실력이 있는 교사여야 합니까?

2. 성경을 읽어주는 실력입니다. (성경실력)
옛날 사도나 목회자가 교사는 성경을 읽어주는 일이 그 사명이었습니다. 오늘날처럼 성경을 누구나 가질 수 없음으로 사도나 교사들이 성경을 잘 읽어주는 일은 중요한 일이요, 성경을 읽어 줌으로 깨닫게 하고 성령을 받게 하고 지식적으로 실력을 쌓게 하는 일이었습니다.

3. 말씀으로 잘 권면을 주고 위로해 주는 실력입니다.
잘 깨닫지 못하고 혹은 성질이 거칠고 문제가 많은 학생도 잘 타일러 주고 위로 격려해 주면 좋은 학생이 될 수 있으니 이런 교사가 실력 있는 교사입니다.

3. 교수의 실력입니다.

교수능력도 달란트이며 교사는 이런 실력이 없으면 학생들에게 무시를 당합니다. 그러나 교사가 성경 실력이 많아 잘 읽어주고 또 학생들로 잘 읽게 해주고 심방이나 개인상담을 통해서 성경말씀으로 잘 권면해서 생활을 바로 잡아주는 성경교수를 능하게 잘 가르치면 우리 선생님 최고라고 인정하게 되고, 그 실력과 권위를 인정 받는 교사의 교훈은 학생들이 잘 따르게 되므로 그런 교사는 더욱 존경을 받게 됩니다. 그런데 이런 실력은 거저 되는 것이 아니므로 피나는 노력을 해야 합니다.

4. 열심히 다하는 교사가 인정을 받습니다.(13절 하반)

본문에 '착념하라' 한 말은 열심을 내라는 말인데 교사로서 그 사명을 다하려면 무엇보다 열심을 다해야 합니다. 자기 책임에 최선을 다해야 인정을 받습니다. '지금 하는 일이 무엇이라도 좋다. 세계에서 제일이 되라'는 말은 어느 학교의 교훈입니다.
인정을 받으려면 자기 하는 일에 열심을 다해야 합니다. 전문가가 되려면 자기 하는 일에 열심을 다해야 합니다.

교사여러분
하나님에게도, 사람에게 인정받는 교사가 됩시다.

1. 살아계신 하나님께 소망을 두는 교사
2. 모범된 생활을 하는 교사
3. 실력있는 교사
4. 열심있는 교사가 됩시다.

사랑의 최초 단계는 사모함으로 나타난다.

부모같은 교사

본문 : 갈 4:19

희랍의 철인이요, 성자요, 위대한 인생 교사인 소크라테스는 "나는 양피지에 글자를 새기느니보다 사람의 심장에다 글자를 새기겠다."라고 말했다.

곧 양피지에 글을 써서 생명 없는 저술을 하는 것보다는 살아있는 사람을 교육하겠다는 심정을 토로한 것이다. 즉 교사는 살아있는 책을 저술하는 자임을 알아야 한다. 사도 바울 또한 "너희들은 우리의 편지다. 나는 돌에다 글자를 새기지 않고, 너의 육체의 심장에다 하나님의 율법과 형상을 새기겠다."고 고린도 교인들에게 편지했다.

이와 같이 위대한 교사는 한낱 빙상의 일각을 스쳐가는 봄바람 같은 작은 영향을 주는 것이 아니라 뜨거운 심장으로 그 인격 속 깊은 곳까지 뚫고 들어가 그 사람의 인격을 변화시킬 사람들이다. 우리도 그저 경박한 교사가 되어, 학생들의 인격에 스쳐가는 바람이 되지 않고 깊은 영향력을 남기는 교사가 되어야 겠다.

1. 하나님의 종된 자의 사명감을 갖읍시다.

우리가 어린 심령들을 맡은 것은 우리들이 자원해서 맡은 것이 아니다. 또 교역자들의 강권이나 부장님들의 간청으로 맡은 것도 아니다. 물론 자원이나 강권이나 간청은 여러분을 교사로 부르시는 하나님의 매개는 되지만 근원적인 부르심은 오직 하나님께로서 온 것이다. 하나님께서 친히 부르시어 귀한 직분을 맡겨 주셨다. 그러므로 다른 사람이 어떻든지 나는 하나님으로부터 이 교사직을 맡았다는 투철한 사명감을 가져야 한다. 이와 같이 하나님의 부르심을 확신하는 사명감을 가진 자는 사람에게 영광을 구하지 아니한다. 비록 적은 학생이라도, 동료 친구들이 우리를 조롱할지라도 우리는 최선을 다해 이일에 충성하며, 다른 사람의 인정이나 칭찬을 구하지 않고, 오직 하나님의 영광만 구해야 한다. 하나님의 거룩한 얼굴의 미소와 칭찬만 바라보고 충성해야 한다. 사도바울의 영광과 면류관이 교인인 것과 마찬가지로 교사 여러분의 상급은 여러분이 양육하고 있는 학생들일 것이다.

2. 부모의 심정으로 가르칩니다.

사도 바울은 데살로니가 교인들에게 편지하면서 어머니 마음과 아버지 마음을 말했다.

실로 부모의 마음이 없는 자는 참된 교사가 아니다. 하나님의 형상을 심어 주는 교사가 부모의 마음이 없을 때 하나의 문자 전달은 하겠으나, 그리스도의 거룩한 형상을 그들의 영혼속에 새길 수는 없는 것이다. 사도 바울은 갈라디아 교인들에게 '나의 자녀들아 너희 속에 그리스도의 형상이 이르기까지 다시 너희를 위하여 해산의 수고를 하노니' (4:19)라고 했다.

정말 육신의 부모가 자녀에게 기울이는 관심 이상으로 주의 어린 영혼들에게 정성과 관심을 쏟아 붓는 경지에까지 이르러야 했다.

먼저 어머니의 마음에 대해 살펴보자. 우리의 양육의 첫 단계는 유모가 자녀를 기르는 것 같이 해야한다. 우리 교사들은 우리에게 맡겨진 어린 영혼들을 얼마나 귀중하게 다루고 있는지 자신을 성령으로 조명해 보자. 사랑의 최초 단계는 사모함으로 나타난다. 젖먹이를 집에 두고 외출한 유모의 마음이 항상 젖먹이에게 있듯이 우리의 마음이 타는 것처럼 우리가 맡은 영혼들에게 있어야 한다. 사랑의 다음 단계는 주는것으로 나타나는데 먼저 복음을 주어야 한다. 우리가 학생을 사랑하는 것은 그 사람의 영혼을 구원하기 위함이다. 사람의 본질은 그 영혼에 있다. 그러므로 우리는 학생들에게 먼저 생명의 복음, 예수 그리스도의 십자가의 속죄와 부활을 전해 그들의 영혼을 살려야 하는 것이다. 그러나 여기서 멈추지 않는다. 한 단계 더 나아가 영혼 뿐 아니라 정신과 육체까지도 구원해내야 한다. 그들의 영혼속에 예수 그리스도의 형상을 이루기까지 우리는 우리의 관심과 정성과 배려와 사랑을 기울여야 한다. 학생들의 문제를 내 문제로 생각하고 우리의 모든 것을 쏟아 부어야 한다.

다음으로 아버지의 마음이다. 어머니의 마음이 자녀를 자라게 하고 건강하게 해주는 역할을 한다면 아버지의 마음은 교육의 목표를 정하고, 그 목표를 향해서 권면하고, 위로하고, 경계하고, 만일 그 목표를 이탈하면 징계해서 교정하는 역할을 한다. 우리 교사는 아버지의 심정으로 학생들이 하나님의 뜻대로 살도록 권면해야 한다. 상한 영혼을 복음의 말씀으로 위로해야 한다. 다른길, 곁길로 갈 때는 경계해야 한다. 그리하여 엄한 부모와 같은 심령으로 어린 영혼을 지도하여 우리를 부르시어 하나님의 나라와 영광에 이르게 하시는 하나님께 합당히 행하도록 해야겠다.

3. 어린이들에게 본이 되는 교사가 됩시다.

바울 사도는 신자들을 향하여 거룩하고, 의롭고, 무흠하게 살았다고 외쳤다. 우리 교사들도 사람들과 하나님께 이렇게 외칠 수 있어야 겠다. 우리 교사들은 이런 사람이 되기 위하여 무엇보다 학생들에게 본이 되어야 겠다. 하나님의 운동은 말의 운동도 아니요, 글의 운동도 아닌 오직 영의 운동, 성령의 운동이다. 그러므로 기독교 교사들은 먼저 자신들이 성경을 애써 묵상하고 깨달아서 자기 자신이 그 말씀의 능력 안에 사로 잡혀서 물같이 적셔주고, 녹여주고, 유화시켜 주고, 불과 같이 그들의 심령의 죄악을 태워주고, 하나님을 향해 헌신의 불꽃을 일게 해주며, 바람같이 저들의 영혼을 하늘나라로 올려주는 역사를 일으켜야 한다. 그러므로 이 영의 역사, 성령의 역사는 말만 가지고는 오히려 영혼을 차갑게 죽이고 만다. 공과공부를 가르칠 때도 글을 몇 자 적어 와 말로만 전달해 주는 것은 영혼을 더욱 교만하게 하고 망하게 하는 것이다. 그러므로 우리 교사가 항상 깨어서 주님과 교통하여 윤택한 삶을 누리고 말씀을 묵상하므로 향상되어 오고, 하나님께 대한 경외의 심정으로 충만해 보이며, 그 심장에는 영혼에 대한 또 다른 사랑으로 꽉 차 있을 때 우리는 참된 영혼의 교사가 될 수 있다. 그러나 교사인 내가 성경을 묵상하지 않고, 기도에 게으르며, 헌금에 정성이 없고, 경건 생활에 게으르면서, 우리가 가르치는 학생들에게 성경 읽어라, 기도해라, 헌금하라고 강조해도 영적 감화력이 없다. 우리가 취급하고 있는 대상은 하나님의 형상을 지닌 영혼이다. 그들은 우리의 사생활을 보지 못해도 영혼들이기 때문에 그들의 영적 직관으로 우리교사들의 영적상태를 즉시 감지해 내고 만다.

그러므로 우리 교사들은 경건하게 신앙생활에 경주하여 우리의 영혼부터 바로 세워야 한다. 우리의 상태가 해이해졌다면 우리의 영혼부터 먼저 바로 세워야 한다. 눈물 흘려 금식하고 회개하며 우리 영혼부터 바로잡고 어린 심령들을 가르쳐야겠다. 우리 교사들이 경건한 생활로 우리의 영혼을 단련하면 어린 영혼들은 나의 신앙생활을 보지 못해도 영적인 감화력 때문에 그 영혼의 직관력 기능으로 어느 새 우리 교사들을 닮고 마는 것이다. 그러므로 우리 교사들은 거룩함과 의로움과 청결함으로 저들의 본이 되어 이 영적 사명을 감당해야겠다.

좋은 교사의 직분은 전심전력의 수고인것이다.

좋은 교사

본문 : 딤전 4:11-16

어떤 신학자는 "기독교는 사도들이 일구어 논 선교의 밭에 교사들이 물을 주어 자라게 했다"고 말했다. 이는 교사의 직분과 사명이 얼마나 막중한 가를 잘 나타내는 말이다.

초대교회는 목사를 말씀과 가르침에 수고하는 이들이라고 불렀다(딤전 5:17) 그런데 엡 4:11에 보면 주님의 몸인 교회를 온전하게 세우는데 교사의 직분을 목사의 직분과 동일시 하였다.

어떤학자는 "부모로부터는 생명을 받았으나 스승으로부터는 생명을 보람있게 하기를 배웠다."라고 하였다. 그렇다. 우리 교사들의 사명은 어린 이들속에 하나님께서 선물로 주신 예수 그리스도의 부활의 생명을 보람있게 하는 사명이다.

그래서 설교의 주제를 "좋은 교사가 됩시다"라고 정했다.

1. 좋은 교사는 잘 가르치는 교사이다.

교사란 가르치는 사람이다.(11,13,16) 그러므로 좋은 교사란 잘 가르치는 교사요 가르치는 일을 천직으로 삼고 목숨을 바치기까지 충성코자하는 교사이다. 사도바울은 디모데에게 "네가 이것들을 가르치라"(11)고 권면하고 16절에서도 "가르침을 삼가 이 일을 계속하라"고 거듭 당부하였다. 이는 한때만 가르치지 말고 지속성 있게 가르치라는 뜻이다. 16절에 계속되는 말씀을 보면 "이것을 행하므로 네 자신과 네게 듣는자를 구원하리라"라고 하였다. 그러므로 교사의 직분은 배우는자들에게 영원한 구원을 얻게하는 거룩하고 영광된 봉사이다. 그리고 복된 일이다. 왜냐하면 듣는 사람뿐만이 아니라 자기 자신까지도 구원에 이르게 하기 때문이다.

2. 좋은 교사는 잘 배우는 교사이다.

교사는 하나님의 말씀을 잘 가르치고 정확하게 가르쳐야 한다. 그러므로 교사는 먼저 자신이 하나님의 말씀을 배우고 익히고 순종하는 자리에로 나가야 한다.

교사가 성경을 바로 알지 못하고 가르 칠 수 없다. 모르면 배워가면서 가르쳐야 한다. 로마의 유명한 철학자 세네카는 "사람은 가르치면서 배운다"고 하였다. 모르면 어린이들 앞에 서지 말아야 한다. 만약 준비도 없이 어린이들 앞에 서게 된다면 그 삶은 돌팔이 의사와 다를 바가 없을 것이다. 배우지 않는 교사는 어린이들은 물론 자기 자신도 세우기 어려울 뿐만 아니라 사단의 시험에

쉽게 넘어져 버린다.(마 5:14)

그러므로 부족하면 후히 주시고 꾸짖지 않으시는 주님께 충만하기까지(약 1:5) 배우기에 최선을 다 하자. 왜냐하면 교사는 하나님의 말씀으로 일하는 직분이기 때문이다.(딤후 2:15)

3. 좋은 교사는 본이되는 교사이다.(12)

교육은 가르쳐 주는 것보다 생활로 보여주는 것이 더 인격적 감화가 크다고 한다. 현대 교육의 가장 큰 문제는 인격적 감화가 없다는 것이다. 단지 지식의 전달과 학문의 보급이 있을 뿐이라고 하였다. 교육은 말로 교육이 아니요 생황의 교육이여야 진정한 감화를 줄 수 있다는 것이다. 우리 예수님은 말씀만 하시는 교사가 아니라 "행하며 가르치는"(행 1:2)교사, 생활하는 교사였다.

사도바울은 디모데에게 "말과 행실과 사랑과 정철에 대하여 믿는자에게 본이되라"(12)고 당부하였다.

참된 교육은 스승의 생활이 모범이 되는데에 있다. 그러므로 좋은 교사는 말과 행실로 사랑과 믿음을 통하여 예수 그리스도를 그들에게 보여주는 교사이다. 교육에 있어서 가장 중요한 요소중 하나는 모범을 보여 감화를 끼치는 일이다.

교사가 모범을 보이지 못하면서 온전한 교육을 시키는 것은 불가능한 일이다. 특히 신앙교육에 있어서는 더욱 그렇다. 솔로몬 왕은 인류 역사상 가장 지혜로운 사람이었고 자식을 교육하기 위해서 많은 잠언을 썼다.

그러나 그의 아들 르호보암은 신앙적으로 잘못되어 이스라엘을

둘로 쪼개고 말았다. 왜 그런가? 가장 큰 이유는 솔로몬의 가르침이 부족해서가 아니라 모범을 보이지 못했기 때문이었다. 자신은 많은 이방 여인들을 데려다 놓고 우상을 섬기면서 아들에게는 여호와 하나님만을 섬기라는 가르침이 제대로 성공할 수가 없었기 때문이다.(왕상 11:30-35)

모범적 교육은 지식을 능가하는 능력이 있다. 예수 그리스도는 많은 부분에서 우리의 모범이 되었다(요 13:15) 그 모범을 따라 성장하도록 노력하고 가르쳐 지키게 하신다.

4. 좋은 교사는 전심전력하는 교사이다.(15)

교육에는 목적이 있다. 그 목적을 달성하기 위해서는 무엇보다고 전심전력해야 한다. 사도 바울은 갈 4:19절에서 "너희 속에 그리스도의 형상이 이루기까지 다시 너희를 위하여 해산의 수고를 하노니"라고 하였다. 기독교 교육의 목적은 사람의 영혼에 그리스도의 인격을 닮은 하나님의 사람의 교육이다. 이는 디모데후서 3장 17절이다. (하나님의 사람으로 온전케하며 모든 선한 일에 행하기에 온전케 함인 것입니다.) 이와 같은 기독교육에 관한 성경적 정의를 Paul H Vieth(바울 H 베즈)는

(1) 하나님을 알게하고 하나님과 영적으로 교제하게 하며
(2) 예수 그리스도가 누구인가를 이해시키고
(3) 그리스도안에서 인격을 성장시키고

(4) 사회의 질서를 세우며

(5) 그리스도인으로서의 인생관을 갖게 하며

(6) 교회와의 정상적인 관계를 유지시키며

(7) 모든 개인마다 신앙적 경험을 체득케 하는 것이다.

라고 하였다. 이와 같은 교육이기에 해산의 수고가 따르는 것이다. 해산의 수고는 가장 큰 극도의 고생을 의미한다.

의학의 도움을 입기전까지는, 지금도 여자들에게 있어서 가장 큰 두려움과 고통의 대상은 해산의 고생이다. 성도들이 사단의 유혹을 받지 않도록 가르치고 양육하는 일은 해산의 수고를 한번만이 아니요 계속되는 것이다.

그러므로 좋은 교사의 직분은 전심전력의 수고인것이다. 좋은 교사는 꾸준한 노력과 끈기있는 열성이 있는 교사이다. 교육은 백년대계라고 한다.

교육에 있어서 조급함은 금물이다. 먼 장래를 기대하고 소망하면서 꾸준히 노력할 때 기독교 교육의 목적을 달성할 수 있을 것이다.(잠 19:18) 가르치는 일은 성령님의 은사이다.(롬 17:7) 하나님의 도움없이는 불가능하다. 그래서 모세의 율법에 익숙한 학사 에스라는 "하나님의 선한 손의 도움을 입어"(스 7:9) 라고 고백하였다.

교사 여러분!

좋은 교사는 잘 가르치는 교사이다. 본이되는 교사이다. 전심전력하는 교사이다. 교육은 교사 한사람 한사람의 노력으로만 될 수 없다. 교육은 종합병원과도 같다. 교사 모두가 협력하고 교회가 행정적으로 재정적으로 후원하여야 한다. 이 모든 것 위에 하나님의 은혜가 함께 하실 때 참으로 하나님께서 기뻐하시는 좋은 교사가 될 것이다.

신정의 목사

- 영적 식탁에 헌신하는 교사가 되세요.
- 먼저 어린이가 되세요.
- 가르치는데 헌신하는 교사가 되세요.
- 어린이들을 은혜받게 하세요.
- 예수님이 교사로 임명하셨어요.
- 성령충만한 교사가 되세요.

> 우선 배부르게 먹을 수 있도록 영적 식탁을 준비해야 합니다.

영적 식탁에 헌신하는 교사가 되세요

본문 : 요 21:15

〈설교를 돕기 위한 예화〉

사람들을 끊임없이 유혹하는 것이 '더' 라고 하는 유혹입니다. '더' 오래살고 싶습니다. '더' 건강하고 싶습니다. '더' 잘살고 싶습니다. '더' 가지고 싶습니다. 특히 여성들은 '더' 예뻐지고 싶습니다. 남성들은 '더' 멋있어 지고 싶습니다. '더' 먹고 싶고 '더' 보고 싶고 '더' 듣고 싶습니다. 대통령을 하고도 부정으로 감옥에 갔고, 그 분들의 아들이 되고도 감옥에 간 것은 '더' 라고 하는 욕심 때문입니다. 미국의 억만장자 록펠로는 얼마나 더 부자가 되려고 하나요? 그는 기자의 이 같은 질문에 '조금 더' 라고 대답했다고 합니다.

이세상의 모든 사람들은 누구나 "더" 라고 하는 욕심에서 빠져나가기가 힘듭니다.

예수님도 베드로에게 "더"를 요구하셨습니다.

주님이 베드로에게 "네가 다른 사람들 보다 나를 '더' 사랑하느냐" 하는 물음에는 '더' 많이 나를 사랑하겠느냐? '더욱 뛰어나게' 나를 사랑하겠느냐? '더욱 특별하게' 나를 사랑하겠느냐? '더욱 길게' 나를 사랑하겠느냐? '더 많은 부분에서' 나를 사랑하겠느냐? '더 많은 사랑으로' 나를 사랑하겠느냐? '크게' 나를 사랑하겠느냐? '자주' 나를 사랑하겠느냐? '앞장서서' 나를 사랑하겠느냐? 하는 뜻이 있어요. 또한 너 자신보다 나를 더 사랑하겠느냐? 네 가족보다 나를 더 사랑하겠느냐? 네 친구보다 나를 더 사랑하겠느냐? 네 애인보다 나를 더 사랑하겠느냐? 물질보다 나를 더 사랑하겠느냐? 명예보다 나를 더 사랑하겠느냐? 출세보다 나를 더 사랑하겠느냐? 직업보다 나를 더 사랑하겠느냐? 세상 그 무엇 보다도 나를 더 사랑하겠느냐? 하는 질문이었다고 봅니다.

그때 베드로는 "예 그렇습니다. 내가 이 모든 것보다 주님을 사랑하는 줄 주님이 아십니다"라고 대답하였습니다. 지금도 주님은 이런 질문을 우리들에게 하고 계심을 믿기 바랍니다.

그때 주님은 내 어린양을 먹이라고 말씀하셨습니다. 네가 정말 이 모든 것들 보다 나를 더 사랑한다면 그 사랑하는 증거로 내 어린양을 먹이라고 하셨습니다. 증거가 따르지 않는 사랑은 거짓 사랑입니다. 여러분들이 주님을 누구보다도 사랑한다는 증거를 보여드려야 합니다. 그 증거는 본문에서는 어린양을 먹이는 것입니다. 어린양을 먹이려면 어린이들이 기다리는 영적 식탁을 준비해야 합니다. 어떻게 어린양을 잘 먹일 수 있는 영적 식탁을 준비 할 수 있을까요?

1. 하나님의 말씀을 배부르게 먹여야 합니다.

　우선 배부르게 먹을 수 있도록 영적 식탁을 준비해야 합니다.
　어린 영혼들의 심령을 굶주리지 않게 배부르고 윤택하게 먹여야 합니다.
　아모스 8:11에 말세에 말씀의 기갈이 온다고 했어요. 육신의 기근도 어린아이들에게 먼저 오듯이 말씀의 기갈도 어린이들에게 먼저 옵니다. 장년에 비하여 어린이들은 말씀을 받는 시간이 적습니다. 더 자주 먹어야 하는데 그렇지 못합니다. 육신의 음식도 창자에 포만감을 느끼도록 먹어야 만족합니다. 이와 같이 영적창자도 포만감을 느낄 수 있도록 배부르고 만족하게 먹여야 합니다. 영적으로 영양실조에 걸리지 않게 해야 합니다.
　예레미야애가 2:19에 "밤 초경에 일어나 부르짖을 찌어다 네 마음을 주의 얼굴 앞에 물 쏟듯 할찌어다. 각 길머리에서 혼미한 네 어린 자녀의 생명을 위하여 주를 향하여 손을 들지어다"라고 했어요. 어린 영혼들이 영적으로 굶주려 혼미하게 되었다는 말씀입니다.
　이미 말씀의 기근이 어린이들에게 왔다는 것을 의미합니다. 영적 식탁에 문제가 발생했다는 것을 알아야 합니다. 그러므로 교사가 만드는 영적 식탁이 어떤지 점검해야 합니다. 정말 어린이들이 즐겁게 둘러앉아 배부르게 먹을 수 있는 영적 식탁인지 말입니다. 주일마다 기다려지는 영적 식탁인지 생각해 보기 바랍니다.

2. 영적 양식을 맛있게 만들어 먹여야 합니다.

어린이들이 기다려지는 신령한 식탁은 맛이 있는 식탁으로 가득 채워야 합니다. 맛이 없는 음식은 아무리 식탁을 채워도 소용이 없습니다.

음식은 맛있게 요리해야 누구를 막론하고 잘 먹어요. 특히 어린이들은 맛에 더 민감합니다. 맛있는 음식은 잘 먹어요. 말씀을 맛있게 요리해야 합니다. 딱딱한 상태로는 먹기가 힘듭니다. 밥을 잘 먹게 하는 방법은 간단합니다. 먼저 반찬을 맛있게 만들어야 합니다. 그리고 운동을 시켜서 소화가 잘되게 해 주어야 합니다. 아무리 음식이 맛이 있어도 운동을 안해서 소화가 되지 않은 상태에서는 맛이 없습니다. 이와 같이 말씀도 반찬을 맛있게 만들어야 하고 봉사와 기도와 찬양으로 운동하게 하여 소화기능을 튼튼하게 해 주어야 잘 먹을 수 있어요. 그래서 시청각도 필요하고 율동도 필요하고 레크레이션도 필요합니다. 이런 것들이야말로 말씀을 잘 먹게 하는 반찬들입니다. 그리고 말씀 자체를 재미있게 전달할 수 있는 지혜와 구연도 필요합니다. 밥 자체가 질거나 되거나 설어도 안됩니다. 맛있게 해야 합니다.

밥도 여러가지 종류로 해야 합니다. 하얀 쌀밥, 때로는 오곡밥, 보리밥, 콩밥, 팥밥도 해주어야 합니다.

반찬은 간이 맞아야 합니다. 짜거나 싱겁거나 매워도 안됩니다. 좋은 영적 요리사가 되기 위하여 지혜를 구해야 합니다. 어린이들이 말씀을 받지 않는 것은 어린이들에게 문제있는 것이 아니라 전하는 사람에게 문제가 있음을 알아야 합니다. 맛이 없으니 받아들이지 않습니다. 주일마다 즐거운 식탁을 차려야 합니다. 교사가 준비한 영적 식탁에 올린 요리솜씨가 과연 어린이들이 기다리는 식탁인지 생각해 보기 바랍니다. 말라빠진 요리, 상한 요리가 아닌지, 어린이들이 좋아하는 요리인지 생각해 보기 바랍니다. 반찬은 밥을 효과적으로 먹기 위해 만드는 들러리입니다.

하나님의 말씀을 잘 먹이기 위하여 시청각교재도 필요하고 활동도 필요하고 찬양과 율동도 필요합니다. 성경말씀을 잘 먹이기 위한 반찬입니다.

요즈음 소위 이름난 음식점은 장소에 상관이 없습니다. 맛이 있으면 어디든지 장소를 초월하여 사람들이 모입니다. 어린이 교회학교의 부흥도 영적 식탁만 소문나면 장소가 어디든지 상관없이 모입니다. 믿으면 아멘 하시기 바랍니다. 영적 식탁이 맛이 없으면 아무리 위치와 건물이 좋아도 소용이 없습니다. 영적 양식을 맛있게 잘 만드는 교사들이 되기 바랍니다.

3.말씀을 은혜롭게 전달해야 합니다.

말씀을 어린이들에게 전달할 때 어떻게 전달하느냐가 중요합니다. 단순히 옛날 이야기처럼 전달하지 말아야 합니다. 찬밥처럼 전달하지 말아야 합니다. 남에게 얻어들은 이야기처럼 전달하지 말아야 합니다. 내가 본 것으로, 믿는 것으로 전달해야 하고 생동감이 넘쳐야 합니다. 어린이들이 은혜롭게 받아드릴 수 있게 전해야 합니다. 아멘 할 수 있게 전해야 합니다. 결심할 수 있도록 전해야 합니다. 공과나 말씀을 전할 때 은혜충만한 가운데에 전해야 합니다.

　은혜와 함께 말씀이 어린이들의 마음에 들어가야 합니다. 영적 요리를 만들어 사랑으로 먹일 수 있어야 합니다. 어린이들은 무조건 재미만 있어야 되는 줄 아는 이들이 있어요. 재미도 있어야 하지만 은혜로 먹어야 합니다. 은혜받게 해야 합니다. 은혜 때문에 기다리게 해야 합니다. 그래야 변화받을 수 있고 신앙이 성장할 수 있고 교회학교가 부흥될 수 있어요.

　말씀을 전하는 분들이 어린이들도 말씀을 통하여 은혜받을 수 있음을 믿어야 합니다. 은혜가 빠진 교육은 바리새인을 만드는 교육이 되고 맙니다. 어린이교회학교 부흥의 마지막 카드는 어린이들을 은혜받게 하는 것입니다. 좀더 강하게 표현하면 어린이들도 성령받게 해야 합니다. 교회는 마가의 다락방에서 성령받은 제자들을 통하여 시작이 되고 부흥이 되었습니다.

헌신의 결단을 위한 끝맺음

　주님을 누구보다도 사랑하기에 그 증거로 어린영혼을 배부르게 윤택하게 맛있게 은혜가 넘치게 먹이겠다는 결단과 주님과의 약속이 있어야 합니다. 훌륭한 영적 요리사가 되어 어린 영혼들이 좋아하는 신령한 요리를 많이 만들겠다는 결단이 필요합니다. 훌륭한 영적 요리사가 되기 위하여 기도해야겠다는 결단이 뒤따라야 합니다. 오늘 말씀을 듣고 어린영혼들을 위해 맛있는 영적 식탁을 만드는 주인공이 되겠다고 결심하는 분은 그 자리에서 일어나 주님께 약속하는 헌신의 기도를 드리기 바랍니다. 맛있는 영적 식탁은 헌신하지 않고서는 만들 수 없음을 믿고 기도하기 바랍니다.

베다니의 마리아가 값비싼 향유를 예수님께 모두 쏟아 부어 드렸듯이 교사들도 주님을 사랑하는 증거로 시간과 물질과 지식과 젊음 전체를 쏟아 부어드리기 바랍니다.

이런 헌신을 할 교사는 자리에서 일어나 두 손을 모으고 기도하시기 바랍니다. 하나님은 헌신된 자를 통하여 어린이교회학교를 부흥시키시며 헌신된 자는 하나님께서 책임져 주시는 줄 믿기 바랍니다.

모든 문제의 해결자이신 예수님을 만나야 합니다.

먼저 어린이가 되세요

본문 : 마 18:3

〈설교를 돕기 위한 예화〉

그리스의 두 귀부인이 아주 오랫만에 만나게 되었습니다. 한 여인은 아주 호화로운 모습에 화사한 차림을 하고 있었습니다. 그 여인은 만나자 마자 자랑을 늘어놓았습니다. "이건 정말 값진 거야. 남편이 결혼 10주년 기념일에 선물한 것인데 옛날 터어키 귀족이 지녔던 것이래!." 그 보석을 자랑하는 귀부인의 얼굴은 아주 만족하고 자랑스럽게 보였습니다. 그러다가 그 화려한 모습의 귀부인은 잠자코 미소만 짓고 있는 친구에게 졸라댔습니다. "얘! 그동안 너도 상당히 귀한 보물을 모아 두었을텐데 나에게도 좀 보여주렴!" 조촐한 차림의 귀부인이 웃으며 대답했습니다. "그래 꼭 하나 네게 보여주고 싶은 보물이 있단다." 그러면서 그 부인은 자기 아들들의 이름을 불렀습니다. 방문이 열리고 준수하게 생긴 두 아들이 들어오더니 어머니에게로 왔습니다 "부르셨어요?" 그 부인은 그 친구에게 "내게 가장 귀중한 보물은 이 아이들이야!" 라고 하였어요. 맞아요. 어린이는 보물입니다. 어린이를 가리켜 나라의 소망이라고 합니다. 피어나는 꽃봉우리라고 합니다. 나라의 보배라고 합니다. 자라는 나무라고 합니다.

예수님은 너희가 돌이켜 어린아이들과 같이 되지 아니하면 결단코 천국에 들어가지 못하리라고 하셨어요.(마 18:3) 보통 심각한 말씀이 아닙니다. 천국에 들어가지 못한다는 말씀은 구원받지 못한다는 뜻이며 지옥에 간다는 의미입니다. 그러니까 심각한 말씀입니다.

그러면 어떤 면에서 어린 아이처럼 되어야 할까요?

1. 닮는 면에서 어린 아이가 되어야 합니다 (창1:26).

하나님은 우리를 하나님의 형상을 따라 모양대로 지으셨다고 하셨어요.

어린아이는 엄마의 품에서 젖을 먹으며 엄마를 제일 먼저 알고 엄마를 닮아갑니다. 우리는 하나님의 품인 교회에서 하나님의 젖인 말씀을 먹으면서 하나님을 먼저 알고 하나님을 닮을 수 있어야 합니다. 이런 의미에서 돌이켜 어린 아이들과 같이 되지 아니하면 결단코 천국에 들어가지 못한다고 했을 것이라고 생각합니다. 교사는 먼저 예수님을 닮아야 하고 가르치는 학생들을 예수님 닮게 가르쳐야 할 사명이 있습니다. 그런데 하나님의 품에서 하나님을 바라보며 말씀의 젖을 먹으면서도 전혀 하나님 닮지 않고 점점 마귀 닮아가는 사람이 있어요. 기적 중에 기적인 것 같습니다. 교사 자신이 예수님 닮아야 합니다. 왜 교사가 예수님을 닮아야 할까요? 어린이가 엄마 닮듯이 교회에서 어린이들은 교사를 닮습니다. 교사의 신앙을 닮습니다. 교사의 기도습관도 닮습니다. 교사의 언어도 닮고 행동도 닮습니다. 반 어린이들과 둘러앉아서 바라보며 말씀을 가르칠때 모름지기 어린이들은 교사를 닮는다는 것을 알아야 합니다.

이런 의미에서 어린 아이들과 같이 되어야 하지 않을까요?

2. 소원을 표현하는데 어린아이를 닮아야 합니다 (삼상1:9-18).

한나는 그의 소원을 하나님의 성전에 올라가 통곡의 기도를 드림으로 응답받았습니다. 히스기야왕도 죽을병에 걸렸을 때 통곡함으로 생명의 연장을 허락받았어요(왕하20:1-3)

한 과부는 불의한 재판장 앞에 원한을 풀어달라고 번거롭게 함으로 해결을 받았어요(눅18:1-8). 어린 아이들은 부모에게 욕구가 있을 때 울고 떼를 씀으로 허락을 받아요. 우리들도 때로는 이런 아이의 욕구해결법을 배워야 합니다. 어린이처럼 반 부흥을 위하여 각 어린이들이 구원받고 일생을 예수님안에서 살게 해 달라고 눈물로 기도해야 합니다. 눈물이 메마른 교사가 되지 말아야 합니다. 자라나는 나무인 어린 영혼을 위하여 물을 넉넉히 주는 교사가 되어야 합니다. 문제아가 생기기 전에 먼저 문제의 교사가 생겼습니다. 기도하지 않고 어린이를 사랑하지 못하고 문제아라고 결정을 내리는 문제의 교사가 생겼기 때문입니다. 교사는 죽어가는 어린 영혼이 있을 때 눈물의 기도가 있어야 살릴 수 있어요(요

11:33).

어린이들은 울기를 잘하고 떼를 잘 씁니다. 이런 의미에서 어린아이들과 같이 되는 교사가 되기 바랍니다.

3. 문제가 생겼을 때 부모를 찾는 어린아이들을 닮아야 합니다(막4:35-41).

어린 아이들은 건강할 때는 부모가 없어도 잘 놉니다. 그러나 몸이 아플 때는 엄마곁을 떠나지 않으며 곁에 있는 것을 원하고 있어요. 또 어린이들 스스로가 해결할 수 없는 일이 생겼을 때 부모를 더욱 찾게 됩니다. 교사들이 하나님의 일을 하다보면 스스로는 해결하기 힘든 일이 생겨요. 그때 예수님의 도움을 더욱 느끼는 믿음이 있어야 합니다. 풍랑이 일어나는 배에서 주무시는 예수님을 깨웠던 제자들처럼 말입니다. 어린이들을 가르칠 때 많은 문제가 생깁니다. 요즈음 어린이들은 우리가 자랄 때 처럼 단순하지 않습니다. 음란비디오에 빠진 어린이들이 있습니다. 오락에 빠진 어린이들이 있습니다. 왕따당한 어린이들이 있습니다. 공부 부담 때문에 고민하는 어린이들이 있습니다. 교사자신은 해결하기 힘든 문제가 내가 가르치고 있는 어린이들이게 있습니다. 해결방법은 상담을 해도 힘들도 목사님과 상담을 해도 답이 없습니다. 어떻게 해야 할까요? 모든 문제의 해결자이신 예수님을 만나야 합니다. 예수님께 기도해야 합니다. 그분을 통하여 지혜를 받아야 합니다.

어려운 일을 당하면 어린아이들이 부모를 찾듯이 교사도 어려운 일이 생겼을 때 예수님을 찾아야 합니다. 이런의미에서 어린이들을 닮아야 합니다.

4. 때로는 부모를 무서워하는 어린 아이를 닮아야 합니다 (사1:2-9).

어린 아이들은 사랑의 부모를 무서워할 때가 있어요. 우리들도 때로는 사랑의 하나님을 무서워할 줄 알아야 합니다. 우리들이 하나님의 말씀을 떠나 살 때에 우리를 때리시는 분입니다. 옛날 이스라엘은 하나님을 떠나 우상을 섬기며 죄짓고 살다가 많이 맞았어요. 지금도 하나님은 참으시다가 때릴 때가 있어요. 하나님께 맞으면 정말 아픕니다. 문제가 생기고 사고가 터집니다. 오늘 기독교인들이 사랑의 하나님만 생각하고 무서운 하나님을 생각하지 않습니다. 하나님을 두려워 하지 않습니다. 어떤 대형교회에서 장사하는 집사끼리 큰 싸움이 벌어졌다고 합니다. 신자들이 구경하느라고 많이 모였습니다. 그때 덕망있기로 소문난 담임목사님이 교회마당을 한바퀴 빙돌고 사무실로 들어가셨습니다. 그때 성도들이 수군거리기를 목사님이 한바퀴 돌아 사무실로 들어가셨다는 말을 듣고 싸우던 두 사람은 싸움을 중지했다고 합니다. 목사님을 두렵게 생각했기 때문입니다. 하나님을 믿는 사람들이 하나님을 두려워 하지 않습니다. 하나님과 친해서 그런 모양입니다. 교회안에서 감정대로 행동하는 것을 보면 하나님을 두려워 하지 않는것 같습니다. 교회안에서 서로 큰 소리치고 싸울때가 있습니다. 하나님이 지금 불꽃같은 눈으로 내려다 보시고 계신다는 것을 믿을때 감정대로 행동할 수가 없습니다.

　이런 행동은 하나님이 살아계심을 믿지 못하는 사람들의 행동이 아닌가 생각됩니다. 때로는 부모를 무서워 하는 어린이들 처럼 목사님을 두려워 하고 하나님을 무서워 하는 교사가 되기 바랍니다. 이런 의미에서 어린이들을 닮기 바랍니다.

5. 자기 아빠를 최고로 아는 어린 아이들을 닮아야 합니다(삼상 17:41-52).

　이런 이야기가 있습니다. 6·25를 전후해서 군대를 늦게 간 사람들이 많이 있습니다.

　어떤 어린이 아빠가 군대 갔습니다. 동네 친구들에게 자랑을 합니다. 우리 아빠는 군대갔다.

　군대를 간지 6개월 되었는데 계급이 제일 높다고 자랑을 합니다. 야 6개월 밖에 안됐는데 졸병이지 무엇이 제일 높냐 하니까, 너 까불지 말아, 우리아빠가 병사중에서 제일 높은 일등병이다라고 하더랍니다. 그랬더니 한 어린이는 우리아빠는 헌병 일등병이라고 자랑하더랍니다. 그러자 한 어린이는 우리아빠는 시내 한복판에서 손가락 하나로 자동차 수십대 수백대를 마음대로 움직인다고 자랑합니다. 도대체 너의 아빠는 무엇하는 사람이기에 힘이 그렇게 대단하냐? 물을때 씨익 웃으면서 우리 아빠는 교통 순경이야 하더랍니다.

　그때 한 어린이가 아까 아빠가 헌병이라고 자랑하던 친구에게 너의 아빠가 헌병이라고 했지, 우리 아빠는 헌병만 보면 잡아가는 사람이라고 했습니다. 그러면 헌병상사냐? 우리 아빠는 헌병상사도 잡아간다, 그러면 장교냐? 장교도 잡아가. 그러면 헌병대장이냐? 헌병대장도 잡아가. 그러면 무엇하는 사람이냐? 고 물었더니 씨익 웃으며 우리 아빠는 시장에서 고물장사 한단다 하더랍니다.

자기 아빠는 무엇을 하는 사람이든지 직업을 초월하여 제일로 생각하는 어린이들을 닮아야 합니다. 어린 아이일때는 아빠가 무엇이든지 다 할 수 있다고 생각합니다. 아빠가 무슨 직업을 가졌든지 상관 없이 아빠가 최고입니다. 그래서 아빠와 함께 다니면 무섭지 않아요. 소년 다윗이 골리앗과의 대결에서 이길 수 있었던 것은 하나님을 최고로 알았기 때문입니다. 교사 자신이 이런 어린 아이와 같은 믿음을 가짐으로 하나님을 최고로 알며 소속교회를 최고로 알고 담임 목사님을 최고로 알아야 합니다.

어린이들에게도 이런 믿음을 심어주어야 합니다. 이런 의미에서 어린아이들과 같이 되어야 합니다.

6. 부모를 믿고 걱정 하지 않는 어린 아이들을 닮아야 합니다(요14:1-2).

어린 아이들은 물가가 올라가든 집세가 올라가든 걱정이 없어요. 그런 걱정은 부모가 할 걱정이지 어린 아이들이 할 걱정은 아닙니다. 성경은 우리들에게 걱정하지 말라고 하셨어요(마6:25-34). 그래도 우리들은 걱정을 합니다. 어린 아이들이 부모를 믿듯이 하나님을 믿어야 합니다. 이런 의미에서 어린 아이들과 같이 되어야 하지 않을까요?

또 어린 아이들은 부모에게 야단을 맞아도 곧 마음이 풀립니다. 교사들은 지도교역자에게 야단을 맞으면 교사를 그만 둡니다. 성도들이 목사님께 야단을 맞으면 대부분은 교회를 떠납니다. 어린 아이들은 친구와 싸워도 곧 화해합니다. 장년 성도들은 한번 싸우면 화해하기가 힘듭니다. 어린 아이들은 겉과 안이 같습니다. 그러나 어른들은 다릅니다. 어린 아이들은 순종을 잘합니다. 어른들은 그렇지 못합니다. 이런 의미에서 어린 아이들처럼 되어야 하지 않을까요? 사랑하는 교사들이여! 성도들이여! 이런 면에서 어린이가 되기 바랍니다. 어린이를 닮기 바랍니다.

헌신의 결단을 위한 끝맺음

교사가 먼저 어린 아이가 되어야 합니다. 그들의 마음을 배워야 합니다. 세대차이를 줄여야 합니다. 어린아이들의 세대로 내려가야 합니다. 어린 아이들을 가르치는 선생이 되기 전에 그들을 배워야 합니다. 그래야 친구가 될 수 있고 예수님에게로 바로 인도할 수 있어요.

선생이 되어 어린아이들을 배우는 것은 헌신하지 않고는 할 수 없는 일임을 믿기 바랍니다.

머리숙이겠습니다. 우리는 하나님앞에 어린아이가 되어야 합니다. 하나님앞에서 어른은 없습니다. 오늘 말씀을 듣고 하나님앞에서 이런 어린이가 되기 바랍니다. 이런 면에서 어린이가 되겠습니다 하는 교사와 성도들은 그 자리에서 신을 벗고 의자에서 무릎을 꿇기 바랍니다. 하나님의 어린이가 되게 해 달라고 간절히 기도하기 바랍니다.

처음 결심했던 그 마음으로 다시 찾아가야 해요.

가르치는데 헌신하는
교사가 되세요

본문 : 신 6:4-10

〈말씀을 돕기 위한 예화〉

미국 아이오하 주의 작은 농촌 웨스트 브린치라는 곳에서 교화학교 교사가 길에서 놀고 있는 세명의 소년을 보고 전도하여 교회로 데리고 가서 성경공부반을 조직하여 성경을 열심히 가르쳤습니다. 소년들은 교회학교 교사의 인도를 따라 열심히 성경을 공부하였고 장성하여 각기 큰 도시로 공부하고자 고향을 떠났습니다.

그후 오랜 세월이 흐른뒤 1932년 이 늙은 교사의 은퇴겸 생일 축하 자리에 네편의 편지가 낭독되는 시간이 있었습니다.

첫 번째 편지는 중국에 파견되어 나간 선교사로부터 온 것으로 자기를 어릴 때 교회로 인도하여 예수 그리스도를 영접하게 하고 성경말씀을 잘 가르쳐 주어서 지금의 사명지에서 선교사명을 잘 감당하라고 있음을 감사하는 편지였습니다.

두 번째 편지는 미 연방은행 총재로부터 온 것으로 자기를 그리스도에게로 인도하여 준 것에 대하여 감사하고 지금까지 함께 하여 주신 하나님을 찬양한다는 내용의 편지였습니다.

세 번째 편지는 대통령의 비서 실장으로부터 온 편지로 저를 전도하여 믿음을 갖게 하여 하나님을 잘 믿게 되었고 큰 축복을 받아 대통령의 비서실장이 되었음을 감사하는 편지였습니다.

네 번째 편지는 현직 미국 대통령인 로보트 후버로부터 온 편지였습니다. 한 교사가 열심히 네 소년을 가르친 열매였습니다.

한국인들은 한맺힌 사람들이 많습니다. 그래서 그 한을 풀려고 공부하고 기술을 배우고 또 신앙생활도 열심히 하는 이들이 있습니다. 가난의 한, 배우지 못한 한, 지방색의 한, 성별의 한, 그래서 돈 좀 벌어서 외국여행도 하고 돈도 좀 뿌려보고 싶은 한이 있습니다.

그 한풀이가 과소비로 발전 했다고도 볼 수 있습니다. 그 외에도 여자의 한, 특히 며느리의 한이 있습니다. 아리랑 신학이라는 책을 쓴 정행업 목사님은 한국인은 한맺힌 민족이라서 예수님을 잘 믿는다고 하였습니다. 특히 자녀들을 통하여 자기의 한을 풀어 보려고 하는 마음이 부모들에게 있습니다. 그래서 공부를 시키는 열성이 세계에서 일등이라고 합니다. 그러나 그것이 주안에서 이루어져야지 주밖으로 나가기 때문에 문제입니다. 그리스도인들까지 자녀에 대한 부모의 욕망이 너무 비신앙적이기 때문에 어린 자녀들이 탈선하게 됩니다. 어린이들의 고민과 좌절이 자살까지 이어지게 됩니다. 세상 공부만 잘하면 된다는 생각이 어린 자녀들로 하여금 교회를 떠나게 합니다. 결국 먼 훗날 깨닫고 후회하게 되지만 때늦은 깨달음이며 후회입니다. 공부도 잘하고 신앙생활도 잘하면 좋지만 그렇지 못할 때가 많습니다. 두 마리의 토끼를 다 잡을 수는 없습니다. 공부는 좀 약해도 하나님의 축복을 받도록 교육해야 합니다. 믿으면 아멘! 하시기 바랍니다. 지금 교사 헌신예배를 드리고 있어요. 집에서 자녀들을 가르치는 부모도 교사요 손자 손녀를 가르치는 할아버지 할머니도 교사입니다. 그런 의미에서 모든 분들이 이 헌신예배에 참석해야 하고 헌신해야 한다는 것을 알기 바랍니다.

1. 교사의 기본 자세를 알아야 헌신할 수 있어요.

1) 교사는 기본자세는 하나님을 사랑하는 데서부터 출발해야 합니다(6:5)

하나님을 사랑해야 그 분의 자녀들을 가르치는데 투자할 수 있고 헌신할 수 있어요. 생의 전체를 쏟아 부을 수 있어요. 그분을 사랑하지 않고서는 교사의 직을 끝까지 감당하기 힘들어요. 봉사직이기 때문이지요. 월급을 받는다면 평생을 기쁨으로 할 수 있지만 봉사이기 때문에 그분을 사랑하지 않고서는 감당할 수 없어요. 부모는 자녀를 사랑하기 때문에 모든 것을 투자 하면서도 기쁨을 가져요. 이와 같이 하나님을 사랑하면 그분의 어린 자녀들을 위하여 기쁨으로 헌신할 수 있어요. 믿으면 아멘 하시기 바랍니다.

하나님을 사랑하려면 예수님을 영접하고 하나님의 자녀가 됨으로(요1:12) 하나님과의 아버지와 자녀관계가 이루어져야 합니다. 이 관계가 이루어지지 않고서는 헌신하기 힘들어요.

나의 결심으로 하는 것은 가나 혼인집에서 포도주가 떨어진 것처럼, 일의 기쁨을 잃어 버리게 됩니다. 할수 없어서 시간 채우기만 하게 됩니다. 주일이 되면 도살장으로 끌려가는 돼지나 소처럼 교회로 향하는 발걸음이 무겁습니다. 젊은이들이 사랑하는 사람을 만나서 걷고 이야기하는 것은 지루한줄도 모르고 힘든 줄도 모르고 덥고 추운것도 배고픔도 모릅니다. 즐거움만 있습니다.

하나님을 사랑하는 마음으로 교사의 사명을 감당할 때 힘든 줄 모르고 시간도 아깝지 않고 기쁨으로 어린이들을 가르칠 수 있습니다. 믿으면 아멘 하시기 바랍니다.

2) 교사의 기본 자세는 하나님의 말씀을 마음에 새겨야 합니다(6:6)

사랑하는 분의 말씀을 마음에 새겨야 합니다.

새긴다는 말은 첫째 처음으로 돌아간다는 뜻이 있어요. 처음 신앙, 처음 열심으로 돌아가야 합니다. 처음 사랑, 처음 열심을 잃어 버리면 문제가 생겨요. 형식뿐인 것이 돼요. 그래서 부부들도 이혼하게 됩니다. 예수님을 영접하고 처음 뜨거웠던 열심으로 돌아가서 사명을 감당하세요. 대개 처음 교사직을 맡고 한두달은 열심히 있으나 시간이 갈수록 처음 열심히 식어지고 거기에 따라 반 어린이들은 한명 두명 떨어져 점점 재미를 잃게 됩니다.

두번째는, 다시 찾아간다는 뜻이 있어요. 처음 결심했던 그 마음으로 다시 찾아가야 해요. 야곱은 외동딸 디나가 성폭행을 당하는 아픔을 겪고야 하나님과의 약속이 생각나서 벧엘로 올라가서 제단을 쌓았어요(창35:1). 처음 열심, 처음 사랑을 다시 찾아야 해요.

처음 열심을 계속 유지해야 합니다. 어린이 교회학교 부흥은 교사의 열심과 동반 합니다. 열심히 올라가면 부흥도 올라가고 열심히 내려가면 부흥도 내려 갑니다.

낙향하여 갈릴리 바다에서 고기잡던 베드로에게 내 어린양을 먹이라고(요21:15) 부탁 하시던 예수님의 말씀을 마음에 새겨야 합니다. 어린아이들을 용납하고 내게 오는 것을 금하지 말라 천국이 이런자의 것임이라하신 예수님의 말씀을 마음에 새겨야 합니다(마19:14).

효자는 부모님의 말씀을 마음에 새겨야 하듯이 교사는 가장 훌륭한 교사이신 예수님의 말씀을 마음에 새겨야 합니다. 예수님의 말씀을 기억하는 것은 곧 찾아가는 것입니다.

세번째는 방향을 바꾼다는 뜻이 있어요. 바쁜 세상을 살다보면 신앙의 방향이 조금씩 달라집니다. 처음에는 별 것이 아닌 것 같지만 시간이 갈수록 방향이 너무 달라집니다. 그래서 방향을 다시 수정해야 합니다. 주님과 거리가 멀어지면 사명 감당하기가 싫어져요. 게을러져요. 부담 스러워져요. 오늘 다시 예수님쪽으로 방향을 수정하기 바랍니다.

처음에는 순수하게 마음을 비우고 교사를 시작 했지만 하다보면 불만이 생깁니다. 웃 사람들이 알아주지 않는다. 교회가 관심이 너무없다. 말뿐이다. 투자가 약하다.대접이 너무 약하다등 많은 헛점을 보게 됩니다. 이렇때 방향이 달라집니다.

어떤 두사람이 목표를 정하고 달려갔다고 합니다. 그런데 한 사람은 구름을 보고 달려가고 다른 한사람은 산을 보고 달려 갔다고 합니다. 구름을 보고 달려간 사람은 목적지에 이르지 못하고 산을 보고 달려간 사람은 목적지에 이르렀다고 합니다.

사람을 보고 일하는 것은 구름을 보고 달려가는 것과 같습니다. 산을 바라 보고 달려갔다는 것은 예수님을 바라보았다는 의미라고 봅니다. 베드로가 예수님만 바라볼 때 물위를 걸을 수 있었지만 바람을 바라 볼 때 바다에 빠졌습니다. 목사님이나 장로님이나 다 사람입니다.

사람은 누구나 다 많은 흠이 있습니다. 오직 예수님만 바라보고 어린이들을 가르치기 바랍니다. 방향이 잘못되었으면 지금 다시 바로 잡기 바랍니다.

또 마음에 새긴다는 말씀은 보답한다는 뜻이 있어요. 주님의 은혜를 보답해야 한다는 것이지요. 우리가 감히 주님의 은혜를 보답할 수 없지만 최선을 다해 보는 것입니다. 이외에도, 상기시킨다, 지워지지 않게 한다, 반복한다 등 많은 뜻이 있다고 해요. 방향을 점검하고 계속 바로잡기 바랍니다.

3) 교사의 기본 자세는 부지런해야 합니다.

게으른 사람은 교사하기가 힘들어요. 교사는 주일 아침에 제일 일찍 나와야 해요. 그냥 나오는 것이 아니라 어린 영혼들이 먹을 영적요리를 만들어 가지고 나와야 해요. 손에는 시청각 교재도 들고 나와야 합니다. 토요일은 늦게까지 영적요리를 만들기 위해 수고해야 하지요. 부지런 해야 발전이 있습니다. 일반 초등학교 교사도 연구를 계속해야 놀랍게 앞서나가는 어린이들을 따라 갈수 있다고 합니다. 우리 교회학교 교사도 부지런이 연구해야 합니다. 부지런한 교사만이 앞서가는 어린들을 바르게 지도할 수 있습니다.

2. 어떻게 가르치라고 했나요?

1) 입으로 가르치라고 했어요(6:7)

가르치는 것은 제일 먼저 입으로 시작이 됩니다. 확신의 언어로 가르쳐야 합니다. 능력있는 언어로 가르쳐야 합니다. 사랑이 넘치는 언어로 가르쳐야 합니다. 말의 은사가 필요합니다. 재미있게 표현해야 합니다. 성령의 충만함이 함께 전달되어야 합니다. 성령은 언어를 통하여 역사하십니다. 믿으면 아멘 하시기 바랍니다. 말에 능력을 받아야 합니다. 입으로 가르치라는 말은 언어의 본이 되어야 한다는 의미도 포함 되었습니다. 교사의 말은 곧 가르침입니다. 교사는 늘 긍정적인 말을 해야 합니다. 부정적인 말을 해서는 안됩니다.

우물가에서 동네 아낙네들이 9세된 소년에게 저애는 애가 답자 답지 못하고 계집애 같을까 하는 말한마디에 그 소년은 우울증을 빠지게 되었습니다. 그소년은 중학교 고등학교 대학에 진학하면서도 공부는 열심히 했지만 늘 우울하게 살았다고 합니다. 미국에 유학을 가서도 늘 내성적인 삶을 살았는데 하루는 같은 반의 미국

여학생이 내가 본 많은 한국 남학생중에 너처럼 조용하고 멋있고 남성미가 있는 학생은 처음 봤다고 칭찬을 했습니다. 이 학생은 처음으로 남에게 칭찬을 받고 특히 여학생에게 멋있는 남학생이라는 말을 처음 들어 봤다고 합니다. 그때부터 이학생은 달라지기 시작했습니다. 끝내는 그 미국 여학생하고 결혼까지 하게 되었다고 합니다. 여러분들이 잘 알고있는 문동환 박사의 이야기 입니다.

모든 어린이들에게 긍정적인 말을 하기 바랍니다. 너 참 사람노릇하기 힘들겠다 하지 말기 바랍니다.

2) 손으로 가르치라고 했어요(6:8).

또한 '그것을 손목에 매어 기호로 삼으며' 라고 했어요. 손목에 매어 기호로 삼는다는 뜻은 첫째, 손과 말씀이 동맹을 맺는다는 뜻이 있대요. 말씀을 손으로 행해야 한다는 의미입니다. 둘째, 결혼시킨다는 뜻이 있대요. 말씀과 손은 부부처럼 떨어지면 안된다는 의미입니다. 항상 함께 해야 한다는 의미입니다. 셋째, 합세한다는 뜻이 있대요. 말씀과 손이 합세해야 합니다. 네번째로는 속박을 받는다는 뜻이 있대요. 손은 항상 말씀의 속박을 받아야지 자유로워지면 안됩니다. 이런 의미에서 손으로 말씀을 가르쳐야 합니다.

3) 얼굴로 가르치라고 했어요(6:8).

'네 미간에 붙여 표를 삼고' 라고 했어요. 성경을 가르치는 사람은 얼굴이 달라야 해요.

사랑의 얼굴, 기쁨의 얼굴, 소망찬 얼굴, 성령충만한 얼굴, 사랑 많은 엄마의 얼굴을 가져야 합니다. 얼굴이 경직되거나 화난 얼굴이 되면 안됩니다.

4) 생활로 가르치라고 했어요(6:9)

또 네 집문설주와 바깥문에 기록하라고 하신 것은 생활로 가르치라는 의미입니다.

안쪽문은 집안에서의 생활이며 바깥문은 밖에서의 생활을 의미한다고 봅니다. 빛으로, 소금으로, 삶으로 가르쳐야 합니다. 양무리의 본이 되라고 했어요(벧전5:3).

헌신의 결단을 위한 끝맺음

부지런하여 게으르지 말고 열심을 품고 주를 섬기라고 했어요(롬11:11). 하나님은 게으른자는 쓰지 않아요. 부지런한 자를 부르셨어요. 헌신엔 곧 주님을 위한 부지런함이 포함되어요. 주님을 사랑하기에 어린영혼들을 가르치는데 부지런하시기 바랍니다. 약속하기 바랍니다.

말씀을 듣고 나의 지체를 총동원하여 어린이들을 부지런히 가르치겠습니다 하는 교사는 조용히 두손을 가슴에 대기 바랍니다. 그리고 하나님과 약속을 하시기 바랍니다. 그리고 그 약속을 지키기 바랍니다. 다함께 찬송가 372장을 기도하는 마음으로 부르고 하나님과 헌신을 약속하는 기도를 드리겠습니다.

어린이들을 가리켜 자라나는 나무라고 합니다.

어린이들을
은혜받게 하세요

본문 : 왕하 5:1-11

〈설교를 돕기 위한 예화〉

필자가 대구 S 교회에 어린이 부흥회를 갔을 때 김승국이라는 초등학교 2학년 어린이가 3백명을 전도한 일이 있었어요. 승국이는 3천명 초청잔치를 할때에 당회장 목사님을 찾아가 대형 버스를 한대 내 달라고 하였습니다. 그때 그 교회는 대형버스가 한 대 뿐이었기에 다른 곳에서 세를 내고 빌어왔었다고 합니다.

승국이는 교회에 나오는 가족과 친척의 도움을 받아 300명을 전도하여 싣고 오는데 성공했어요. 그때 어린이들이 4천명이 모였어요. 대단한 성과였어요. 은혜받는 한 어린이가 300명을 전도했기 때문에 이런 역사가 일어났어요.

그때 승국이는 그 교회에 친척들이 수십명 나오는 한 사람앞에 열명정도씩 배당을 했다고 합니다. 그러므로 어린이들은 은혜받게 해야 전도합니다. 어린이가 어린이들에게 전도하는 것이 제일 쉽다는 것을 알아야 합니다. 어린이는 어린이들을 좋아합니다.

본문에서 이름도 없는 유다의 한 포로 여자 어린이가 나아만의 문둥병을 고치는데 큰 공을 세웠으며 나아만을 하나님을 믿게 했어요.

1. 어린이들은 은혜받게 해야 합니다.

아직 어린이들은 어른들보다 때가 덜 묻었어요. 덜 악해요. 그래서 은혜 받기가 쉬워요.

물론 옛날 어린이들에 비하면 다루기가 힘들고 불필요한 지식을 너무 많이 알고 있어서 힘들기는 하지만 그래도 희망은 있습니다. 사탄은 세속 문화를 총동원하여 어린이들까지 삼키려고 한다는 것을 우리들은 알아야 합니다.

그래서 어린이들을 은혜받게 해야 합니다. 오병이어의 주인공인 한 소년도 예수님의 말씀을 통해 은혜받았기에 도시락을 드렸을 것으로 봅니다. 어떤 분들은 은혜는 어른들만 받을 수 있는 것으로 생각하기도 합니다. 특히 지도자들 중에도 그렇게 생각하는 분들이 있어서 어릴 때 은혜받을 수 있는 기회를 만들어 주지 못합니다. 어린이들이 교회를 계속 떠나는 것도 은혜받게 양육하지 못했기 때문이라고 봅니다. 은혜가 없는 말씀만의 교육은 바리새인을 만들 가능성이 있음을 알아야 합니다. 어린이 은혜운동이 꼭 일어나야 될줄 믿기 바랍니다.

어린이들이 은혜받고 안믿는 부모형제를 교회로 인도하는 예는 흔히 있는 일입니다. 어린이는 완고한 불신 가정을 뚫고 들어가는 길과도 같습니다. 불신가정을 여리고성처럼 무너뜨리는 도구입니다. 어린이는 끈입니다. 그 끈 끝에는 부모형제가 묶여져 있어요. 그 끈 만 잘 잡으면 불신 부모형제가 다 딸려옵니다. 믿으면 아멘 하기 바랍니다. 특히 요즈음은 하나나 둘 낳고 말기 때문에 어린이의 청을 잘 들어 줍니다. 옛부터 남자는 여자가 움직인다고 했습니다. 여자말을 안듣는 사람은 없습니다. 여자말을 안듣는 간이 부운 남자는 드뭅니다.

이런 이야기가 있습니다. 요즈음 남자들은 여자들을 두려워 한답니다.

30대 부인을 둔 남편은 카드를 마구 끌어 쓸까봐 두려워 한다고 합니다.

40대 부인을 둔 남편은 곰국을 끓이면 두렵다고 합니다. 어디를 또 며칠간 갈려고 하나 한답니다. 50대 부인을 둔 남편은 샤워를 하면 두렵답니다. 60대 아내를 둔 남편은 이사를 하면 두렵다고 한답니다. 안데리고 가면 어떻하나 해서요.

그런데 그 두려운 아내는 어린 아이들이 움직입니다. 그러므로 어린 아이만 움직이면 온가족을 움직일 수 있습니다. 믿으면 아멘 하시기 바랍니다. 어린이들을 은혜받게 함으로 가정에 파송된 선교사가 되게 하기 바랍니다.

2.구원의 확신을 갖게 해야 합니다.

우리는 철없는 어린이들에게 어떻게 구원의 확신을 갖게 할 것이냐를 논하지만 사실 그것은 교사가 하는 일이 아니라 성령께서 하시는 일입니다. 필자가 대구 D교회에 어린이 부흥회를 갔을 때 5학년 여자 어린이가 이런 기도를 드렸어요. "예수님 죄송해요. 지금에야 믿어서 죄송해요." 하면서 눈물을 흘렸어요. 그래서 필자는 무엇이 예수님께 죄송하냐 하고 물었더니 "저는 교회학교 부장 집사님의 딸인데 성경을 많이 읽고 공부도 많이 했어요. 그러나 성경말씀을 알기는 하지만 믿지 못했어요. 그런데 오늘 은혜를 받고 나니 하나님의 말씀이 믿어져요. 그래서 예수님께 죄송해요. 믿기는 애기때부터 믿어 교회에 나왔지만 진짜로 믿기는 오늘부터예요."라고 말했습니다. 이와 같은 어린이들이 얼마나 많을까요? 알기는 하지만 믿지를 못하는 어린이들이 내가 가르치고 있는 반에도 있다는 것을 알아야 합니다. 그러므로 교사들은 항상 구원상담을 하기 바랍니다. 요즈음 어린이들은 너무 똑똑합니다. 그래서 이해를 잘합니다. 어릴때 확신을 갖게되면 일생을 흔들리지 않고 살아갑니다. 동창 중에도 초등학교 동창들이 제일 반갑습니다. 그만큼 어린이 시절이 인생에 있어서 가장 잊지 못할 추억의 시절이기 때문입니다.

교사가 먼저 확신 위에 서서 확신있게 가르치면 어린이들도 확신을 갖게 되는 줄 믿기 바랍니다. 나아만은 한 여자 어린이의 확신에 찬 믿음을 보고서 하나님의 사람인 엘리사에게 가면 고쳐줄 것을 확신했던 겁니다. 이 어린이는 확신있는 믿음을 가졌던 겁니다. 확신이 없으면 하나님의 사람을 소개할 수 없었어요. 어린이들이 구원의 확신이 있을 때 전도합니다. 구원의 확신이 없는 어린이는 전도하기 힘들어요. 사랑하는 교사들여! 기도하고 먼저 확신을 갖고 내반 어린이들에게도 확신을 달라고 기도하고 구원의 교리를 자신있게 가르침으로 구원의 확신을 갖게 하기 바랍니다. 확신이 있는 어린이는 교회에 잘다닙니다. 전도합니다. 이문제를 해결하기 위해 기도하면서 구원의 교리를 연구하기 바랍니다.

3. 물을 잘 주어야 합니다.

어린이들을 가리켜 자라나는 나무라고 합니다. 자라나는 나무는 물이 있어야 합니다. 물이 없으면 자라지 못합니다. 물은 무엇일까요? 성경은 물과 성령으로 거듭나야 한다고 했어요. 저는 특별히 물은 교사의 눈물의 기도라고 봅니다. 장영수 목사님이 쓴 "하나님의 눈물을 본 교사"라는 책이 있습니다. 한번 읽어 보기 바랍니다. 교사는 어린이에 대한 책을 많이 읽어야 합니다. 어린이들은 지식적으로 날마다 발전하는데 교사가 발전하지 못한다면 잘 가르치는 교사가 될 수 없습니다. 식물은 물이 있어야 잘 자랍니다. 자라나는 어린 영혼들은 좋은 기둥감으로 만들기 위해 눈물의 기도로 물을 주는 교사가 되기 바랍니다. 어린 영혼들이 목말라 하고 있어요. 물을 기다리고 있어요. 그들 심령이 메마르고 축 늘어져 있어요. 가뭄의 채소처럼 말이에요. 목마른 사슴처럼 물을 찾고 있으나 주는 사람이 없어요. 교회에 나오는 어린 영혼들에게 시원한 물을 한 그릇씩 퍼 주는 교사가 되세요. 문제아, 문제아 하지 말고 답답해 하지 말고 조용히 하나님의 전에 나와서 그들의 영혼을 위하여 하나님께 눈물로 호소하세요. 문제가 있기 전에, 기도하지 않는 문제의 교사, 공부하지 않는 문제의 교사, 싸늘하게 얼음장같이 사명이 식어버린 문제의 교사가 먼저 있었어요. 내가 바로 그 문제의 교사가 아닐까요? 강 같은 교사, 샘물 같은 교사가 되세요. 사해 같은 교사가 되지말고 요단강같이 물을 흘러 보내는 교사가 되세요. 목마른 어린이들에게 시원한 물을 제공하는 물 같은 교사가 되기 바랍니다.

교사의 마음안에 철철 흘러 넘치는 샘물을 갖기 바랍니다. 그러기위해 기도하고 은혜생활을 하고 성령충만한 교사가 되세요. 물 없는 샘이 되지말고 고장난 수도가 되지말기 바랍니다.

말씀이 있는 교사, 기름이 있는 교사, 어린이들에게 힘을 주는 교사가 되기 바랍니다. 목마른 어린이들에게 언제든지 시원한 물을 마시게 하는 교사가 되기 바랍니다.

헌신의 결단을 위한 끝맺음

어린이들을 은혜받게 하는 교사, 어린이들로 하여금 구원의 확신이 있게 하는 교사, 어린 영혼들에게 물을 풍성하게 주는 교사가 되기 위해 헌신이 요구됩니다. 헌신 없이는 이 사명 끝까지 감당하기 힘들어요. 칭찬도 명예도 없는 교사직입니다. 이 힘든 직분을 잘 감당할 때 보람이 있다는 것을 알아야 합니다. 오늘 말씀을 듣고 마리아처럼 향유를 모두 예수님께 쏟아붓는 헌신이 있기 바랍니다. 젊음과 시간, 물질과 지식, 생 모두를 쏟아붓기 바랍니다(요12:3). 룻처럼 헌신하기 바랍니다(룻1:16-17). '죽는일 이외에 교사직을 떠나면 하나님께서 나에게 벌을 내리시고 더 내리시기 원합니다' 라고 고백할 수 있기 바랍니다.

바울처럼 '나는 주님의 종입니다. 주님의 것입니다. 모든 사람에게 빚진자 입니다(롬1:1,6,14) 라고 고백할 수 있기 바랍니다. 다함께 헌신의 찬송350장을 눈을 감고 부르겠습니다. 오늘 이렇게 헌신 할 교사는 조용히 일어서기 바랍니다. 교회학교는 헌신된 교사를 통하여 부흥되는 줄 믿기 바랍니다. 헌신된 자에게는 필요한 은사를 공급해 주시는 줄 믿기 바랍니다. 두손을 모으고 헌신의 기도를 드리기 바랍니다.

오늘 헌신의 약속을 평생 지키는 교사들이 되기 바랍니다.

나는 청지기 삶을 위한 열정이 있는가?

예수님이 교사로
임명하셨어요

본문 : 엡 4:11-12

⟨설교를 돕기 위한 예화⟩

설리번은 헬렌켈러를 48간이나 개인지도한 여성교사입니다.

가난한 집에서 태어나 아기 때 어머니가 죽고 알콜 중독자인 아버지에게 버림 받았으며 하나뿐인 동생도 병사하였습니다. 게다가 안질이 악화되어 실명하고 말았습니다. 두 번 자살을 기도하였으나 실패하였습니다. 그러나 그녀는 훌륭한 지도자를 만났습니다. 바아바라는 신부였습니다. 신부는 절망적인 소녀에게 십자가를 가르쳤습니다. 십자가를 바라봄으로 지금까지의 어두운 삶은 종지부를 찍고 사랑과 소망으로 살게 되어 하나님의 나라가 그의 삶에 새롭게 전개되는 구원의 믿음을 가지게 되었습니다.

그녀는 보스톤 파킨스 맹학교에 들어가 6년간의 분투 끝에 최고 우등생으로 졸업하고 한 신문사의 도움으로 개안 수술이 성공적으로 받을 수 있었습니다. 맹농아 3중고의 짐승같은 소녀 헬렌켈러의 가정교사를 구한다는 소식을 듣고 자원하여 싸우기를 48년 간, 모든 고통받는 인류에게 소망의 등불이 된 위인 헬렌켈러를 길러낸 것입니다. 이러한 헬렌켈러의 성장에는 학습과 생활지도 만이 아니라 설리번 선생의 신앙적 감화가 컸다고 합니다. 필라델피아 템플 대학이 헬렌켈러에게 박사 학위를 수여할 때 설리번에게도 박사학위를 수여했는데 그것은 예수의 십자가가 이룩한 그 어느 학위보다도 고귀한 학위였습니다. 한 사람의 훌륭한 교사가 또 한사람의 훌륭한 사람을 양육하는데 성공한 것처럼 이런 교사가 되기 바랍니다. 교사는 예수님이 임명하셨습니다. 우리는 적어도 만왕의 왕이신 예수님의 임명장을 받는 자임을 알고 자부심을 가지고 교사직을 감당하기 바랍니다. 군대에 가면 명령서를 발행할 때 '사단장 명에 의하여 서명관 대령 홍길동' 이렇게 나갑니다. 이와 같이 교사는 담임 목사님이 임명하였지만 예수님 명에 의하여 담임목사님께서 임명하신 줄 믿기 바랍니다.

1. 성도를 온전케 하려고 임명하셨어요.

어린이들을 온전하게 하려고 교사로 임명하였어요. 온전케 한다는 것이 무엇을 의미하나요? 이 말씀은 외과 의학에서 부러진 뼈를 맞추거나 찢어진 그물을 수리할 때 사용하는 말이며 또 범죄한 자를 바로 잡는다고 할 때 사용된 말이라고 합니다.

어떤 때 뼈가 잘못되나요? 부상을 입었을 때입니다. 뼈는 살 속에 있어서 보이지 않습니다. 그 뼈가 있기 때문에 몸을 바로 세울 수 있고 또 힘있게 활동할 수 있습니다. 뼈가 상하면 몸을 움직이기 힘듭니다. 영적으로 뼈는 신앙의 뼈대라고 봅니다. 신앙의 중심이라고 봅니다. 교리라고도 볼 수 있습니다. 근본적으로 신앙이 잘못된 어린이들이 많습니다.

 부모들의 자기 욕심적인 향학열, 남이 한다면 우리도 해야 한다고 여러 학원엘 보냅니다. 다른 어린이들과 비교합니다. 95점을 맞아도 왜 100점 못맞았느냐고 책망합니다. 부모의 일류병에 상하고 찢길대로 찢겨 망신창이가 된 어린이들이 많이 있습니다. 그런가 하면 가정이 피괴되어 고아아닌 고아가 된 어린이들이 속출하고 있고 음란 비디오,컴퓨터 오락등이 빠진 어린이들이 많이 있습니다. 이런 어린이들은 바로 잡아 온전하게 만들어야 할 사명이 교회교사들에게 있습니다. 또 교회관이 잘못되어 수많은 교회를 전전하는 떠돌이 어린이들이 많이 있습니다. 어린이들이 다니는 학교는 교회학교입니다. 학교라는 의미에서 같기 때문에 초등학교를 생각하듯이 교회학교도 생각해야 합니다.

 어린이들이 초등학교에서는 선생님에게 야단 맞아도 다니고 친구들과 싸워도 다니지만 교회학교는 교사에게 야단 맞거나 친구들과 말다툼하면 교회를 옮깁니다. 교회관이 잘못되였습니다. 세살 버릇이 여든까지 간다고 합니다. 어릴때부터 떠돌아 다니는 버릇은 평생을 교회와 직장과 가정을 떠돌게 할 위험이 따르게 됩니다. 그래서 바로잡아 주어야 합니다.

 교사도 초등학교 교사처럼 생각해야 합니다. 그러나 교회학교 교사들이 교사관 자체에 문제가 있습니다. 먼저 교사자신이 교사관을 바로 잡아야 하고 나가서 어린이들의 교회관을 바로 잡아주어야 합니다. 먼저 교사가 온전케 되어야 어린이들의 신앙을 온전하게 할 수 있습니다. 요즈음에는 어린이들도 순수성을 잃어가고 있습니다. 죄를 많이 짓고 있습니다. 사탄이 마구잡이로 영혼을 삼키려고 우는 사자처럼 두루다니며 삼킬자를 찾고 있습니다(벧전5:8-9). 어린이들도 그 대상에 포함되었다는 사실을 알아야 합니다. 어린이들의 자살, 왕따시키기, 사탄문화에 접하는 일 등이 바로 그 증거입니다. 교사는 항상 비상사태로 사명을 감당해야 합니다. 먼저 온전한 교사가 된 후 어린 성도들을 온전케 하기 바랍니다.

2. 봉사하게 하려고 임명했어요.

초등학교 교사는 급여를 받지만 교회학교 교사는 급여가 없는 봉사직입니다. 그래서 헌신하지 않고서는 사명을 끝까지 감당하기 어렵습니다. 그러나 마25:21에 보면 작은 일에 충성하면 많은 것으로 맡기고 주인의 즐거움에 참여하리라고 하셨습니다. 믿으면 아멘하기 바랍니다. 하나님께서 교사들이 봉사한 것을 어떤 방법으로 든지 갚아주시는 줄 믿기 바랍니다. 우리나라 기독교계를 보아도 일생을 어린이들을 위하여 봉사한 분들이 큰 복을 받은 것을 볼 수 있어요. 어린 영혼을 위하여 봉사하면 하나님께서 그 봉사를 기억하시는 줄 믿기 바랍니다.

부모가 어린 자녀들을 위하여 기쁨으로 봉사하듯이 교사들도 어린이들이 영적인 자녀이기 때문에 기쁨으로 봉사하기 바랍니다. 강물에 떠내려 가던 아기 모세를 건진 애굽 공주에게 다가선 미리암이 "유모를 소개할까요?" 라고 했을 때 공주는 허락했고, 곧 그의 친어머니를 유모가 되게 할 수 있었어요. 그때 공주는 "이 아이를 데려다가 나를 위하여 젖을 먹이라 내가 그 삯을 주리라" 고 하였어요(출2:9). 교사들이 어린이들이게 말씀의 젖을 먹이면 하나님께서 그 삯을 주실 줄 믿고 기쁨으로 먹이기 바랍니다. 구원받아 하나님의 친백성이 된 것도 감사한데 하나님의 자녀인 왕자와 공주를 교육하는 선생이 된 것을 감사하며 특히 신령한 교편을 잡게 된 것을 감사하기 바랍니다. 내가 열심히 하기만 하면 힘이 있을 때 까지 은퇴 강요도 없고 명퇴나 황태도 없는 직책이니 감사하며 열심히 하기 바랍니다. 교회에 목사님이나 장로님의 은퇴는 만70세 입니다. 만70이 되면 은퇴식을 합니다. 교사들도 만70세 까지 하고 은퇴식을 할 수 있기 바랍니다.

3. 그리스도의 몸을 세우게 하려고 임명하였어요.

이 말씀은 교사의 직분을 주신 목적 중의 하나가 교회학교를 성장시키고 어린이들의 신앙을 영적으로 성장시키는 것임을 의미합니다. 사실 어린이들은 교회의 큰 자산입니다. 어떤 인물이 나올지 모르기 때문입니다. 어린이는 미래 교회의 주인공들 임을 분명히 알아야 합니다. 우리 교사들도 20여전에는 개구쟁이들이 였는데 오늘은 훌륭한 교사가 되었습니다.

이들은 10-20년후에는 교사요 성가대며 20-30년후에는 집사요 권사이며 30-40년후에는 목사요 장로입니다. 사회적으로는 상당한 지위에 있게 됩니다. 생산적인 성도가 됩니다. 믿으면 아멘 하시기 바랍니다.

그래서 함부로 대하면 안됩니다. 인격적으로 대하여야 합니다. 이들은 하나님의 자녀인 왕자와 공주입니다. 그렇다면 교사는 왕자와 공주를 교육하는 선생입니다. 대단한 직분입니다. 옛날에 왕의 자녀들을 교육하는 사람은 아주 훌륭한 학자들이었습니다. 교사들은 훌륭한 학자가가 아닙니다. 그래도 왕자와 공주를 교육하는 선생님으로 세워 주신 것은 전적으로 주님의 은혜인줄 알고 충성하기 바랍니다. 그러므로 교사도 훌륭한 성경학자가 되어야 한다고 생각하고 성경 공부를 많이 하기 바랍니다. 그리고 어린 교육에 대한 책을 많이 읽어야 합니다.

어린이들이 줄면 그리스도의 몸이 점점 작아지게 됩니다. 교회가 점점 작아진다는 것을 의미합니다. 건축으로 비유하면 어린이들은 기초요, 청소년은 기둥이요, 장년은 지붕입니다.

기초도, 기둥도, 지붕도 다 중요하지만 기초가 제일 중요합니다. 기초가 약하면 집 전체에 문제가 생깁니다. 무너지게 됩니다. 교사는 교회의 기초공사를 맡은 사람임을 믿기 바랍니다. 내가 살 집처럼 기초공사를 튼튼하게 하는 교사가 되기 바랍니다. 지난날 다리가 무너지고 아파트가 무너지고 백화점이 무너진 것은 기초가 약하기 때문이었습니다. 세울때는 든든하게 세워야 합니다. 어린이들이 구원의 확신을 갖게 해야 합니다. 한 교회에 뿌리를 깊숙히 내릴수 있게 해야 합니다. 든든한 기둥으로 양육해야 합니다. 이들이 교회에 제직이 될때에 우리교회가 더욱 든든한 교회가 되게 해야 합니다. 교사들이 이런 귀한 사명을 예수님께 부여 받았음을 믿기 바랍니다.

어린이들의 신앙이 약하면 기독교는 소망이 없습니다. 이 기초를 든든히 하는 교사가 되기 바랍니다.

헌신의 결단을 위한 끝맺음

교사 여러분! 우리들은 예수님의 임명장을 받은 사람들입니다. 한나라의 대통령의 임명장을 받아도 대단한 것이며 자랑거리인데 우리는 만왕의 왕이신 예수그리스도의 임명장을 받은 사람들입니다. 대단한 사람들입니다. 그가 친히 임명장을 수여하셨습니다. 믿으면 아멘하기 바랍니다. 자부심을 갖고 교사직을 감당하여 어린 영혼들을 온전케 하고 봉사함으로 그리스도의 몸을 높이 세우는 왕의 자녀들의 훌륭한 교사들이 되기 바랍니다.

머리숙이겠습니다. 임명장을 가슴에 꼭 껴안기 바랍니다. 예수님의 임명장입니다. 왕의 자녀들을 가르치라는 임명장입니다. 감격스러운 임명장입니다. 받을 자격이 없는데 은혜로 주신 임명장입니다. 이제 우리가 할 일을 죽도록 충성하는 것 뿐입니다. 주님이 주신 임명장을 받고 하나님께 영광 돌리겠습니다. 죽도록 충성하겠습니다. 늘 울어도 눈물로써 못 값을줄 알아 몸밖에 드릴것 없어 이몸 바칩니다라고 헌신의 기도를 드리기 바랍니다.

눈이 성령받아야 합니다. 눈 관리를 잘해야 합니다.

성령충만한
교사가 되세요

본문 : 행 2:1-4

〈설교를 돕기 위한 예화〉

　이런 이야기를 들어본 적이 있을 겁니다. 두 친구가 있엇습니다. 한사람은 목사였고 한사람은 만담가 즉 요즈음 개그맨이였습니다. 그런데 그 만담가 친구는 항상 거짓말로 사람을 웃겼습니다. 항상 그곳에는 사람이 많이 모였습니다. 그런데 목사는 하나님의 말씀을 가지고 설교를 하는데 사람이 모이지 않았습니다.

　어느날 두 친구가 만났습니다. 목사 친구가 만담가 친구에게 말을 했습니다. 자네는 항상 거짓말을 하는데 사람이 그렇게 많이 모이고 나는 항상 하나님의 말씀을 전하는데 사람이 없는 원인이 어디에 있는지 의심스럽군 했더니, 그 친구가 그 원인 분명하네, 나는 항상 거짓말로 사람을 웃겨도 한번도 거짓말을 한다고 생각해 본 일이 없다네, 내말은 진리라고 믿고 떠들었다네.

　그런데 자네는 목사로써 하나님의 말씀을 전파하는 것을 내가 한번 들어 보니까 항상 자신이 없어보였고 꼭 거짓말을 하는 것 처럼 설교를 하던군그래 그러더랍니다.

어떤 청년 교사는 공과공부 시간에 항상 부흥회를 했다고 합니다.

어린이들 앞에 설 때 마다 어린이 여러분! 저는 어제 밤에 천국과 지옥을 다녀 왔어요.

어린이들이 선생님이 약간 머리가 돈 것이 아닐까하고 의아해 하는 눈치를 보고 교사는 어린이 여러분! 왜 의심해요. 선생님이 왔다 갔다면 그런줄로 믿어요. 하고 소리를 꽥하고 지르니 어린이들은 선생님의 자신있는 말과 확실이 보고 자신있게 말하는 그 눈빛을 보고 서로 쿡쿡 찌르며 애! 믿자! 선생님 눈좀봐 자신이 넘쳐, 하더랍니다.

그 교사는 누가복음 16장 부자와 나사로의 말씀을 읽을 때 마다 본 것 처럼 갔다 온 것 처럼 확신과 자신이 넘쳤던 겁니다. 그래서 성령충만하게 말씀을 전파할 수 있었던 겁니다.

그러므로 교사는 성령충만해야 합니다.

공과를 가르칠때도 기도할때도 찬양할때도 율동할때도 성령충만 해야 합니다. 믿으면 아멘하기 바랍니다. 어떻게 제자들이 성령 충만을 받았나요?

1.모여서 합심하여 기도하는 교사가 되어야 합니다.

마가의 다락방에 120명의 제자들이 빠짐없이 빠른 동작으로 모였습니다. 교사기도회로 모입시다 하면 빠짐없이 모여야 합니다.

빠른동작으로 모여야 합니다. 시간을 철저하게 지켜야 합니다. 어린이들에게 시간을 지키라고 하면서 교사 자신은 시간을 지키지 않습니다.

교사회나 세미나때 보면 왜 그렇게 동작이 느린지 모릅니다. 직장이나 학교는 지각하지 않습니다. 그런데 교회모임은 지각합니다. 아예 결석합니다. 지각충만 결석 충만 합니다.

담임 목사님이나 외부에서 강사를 모셨는데 시간은 되었는데 모이지를 않으니 지도 교역자는 속이 탑니다. 성령의 불이 아니라 속이 타는 연기입니다. 어린이들을 가리치는 교사가 지도 교역자 속을 태워줍니다. 속을 태우는 씨를 뿌립니다.

그래서 어린이들을 통하여 자신도 속이 타는 열매를 거두게 됩니다. 믿으면 아멘하기 바랍니다. 아멘 한 교사는 지도 교육자 속 태우는 일 그만 중지하기 바랍니다.

모여야 찬양의 불이 타오르고 기도의 불이 타오릅니다. 제자들은 모여서 오직 성령받기 위해 기도 했습니다. 딴짓 하는 제자는 한사람도 없었습니다. 우리는 어떻습니까? 어떤 교사는 귀지를 후빕니다. 어떤 교사는 코를 후비고 있습니다. 어떤 교사는 서로 이야기 하고 있습니다.어떤 교사는 묵상하고 있습니다. 하나가 되지 않습니다. 군인 갔다온 교사들은 군대서 집합하면 어떻게 모여야 하는지 알겁니다. 안 갔다 온 분들은 갔다 온 분에게 물어 보세요.

우리들은 십자가 군병입니다. 십자가 군병도 군인입니다. 동작이 빨아야 합니다. 명령에 빨리 움직여야 합니다.

어떤 큰 전쟁에서 실패한 원인을 조사 했습니다. 한 개 사단이 전쟁 터에 늦게 도착한 것이 실패의 원인이였습니다. 사단병력이 늦게 도착한 것은 한 연대가 늦었기 때문이고, 그 연대가 늦은 것은 한대대가 늦었기 때문이였고, 그 대대가 늦은 것은 한중대가 늦었기 때문이였고, 한 중대가 늦은 것은 한소대가 늦었고, 그소대가 늦은 것은 한 분대가 늦었고, 그 분대가 늦은 것은 분대원 한 사람이 늦었기 때문이라고 조사 되었습니다. 그러므로 한 사단이 늦게 된 것은 한 사람의 병사 때문이며 전쟁에 실패한 것도 한사람의 병사 때문이였습니다.

나 한 사람의 동작이 얼마나 중요한가를 깨닫기 바랍니다.

교사 모임에 결석은 물론 안되고 지각도 하지 않기 바랍니다.

2. 강한 바람 같은 성령을 받는 교사들이 되기 바랍니다.

매해마다 바람 때문에 큰 피해를 입었습니다. 바람이 비를 몰고 왔습니다. 바람은 무서운 힘이 있습니다. 성령이 바람처럼 임했다는 것은 힘을 의미합니다.

봄바람이 불면 모든 식물이 싹이 납니다. 꽃이 핍니다. 향기가 발합니다. 나비가 날고 벌이 날아 옵니다. 지구가 색깔이 달아집니다.

이처럼 봄바람 같은 성령을 교사들이 받으면 교회학교에 전도의 싹이나고 꽃이 피고 향기가 진동하고 나비가 날아 오듯이 어린이들이 향기따라 모여듭니다. 믿으면 아멘하기 바랍니다.

교회학교 색깔이 달라 집니다. 냄새가 달라집니다. 여름의 뜨거운 바람이 불면 모든 식물이 왕성하게 자랍니다. 파릇파릇하던 싹이 초록으로 변합니다. 푸르게 변합니다. 검푸르게 됩니다.

여름 바람 같은 성령을 받으면 교사 자신들도 성장하고 사명에 왕성하게 됩니다. 자신의 신앙이 성장하면서 교회학교도 함께 성장합니다. 믿으면 아멘하기 바랍니다.

가을 바람이 불면 모든 식물이 열매를 맺듯이 가을 바람 같은 성령을 받으면 열매를 맺습니다. 전도의 열매를 맺습니다. 아름다운 열매를 맺습니다. 결실을 하게 됩니다.

내가 맡은 반에 전도의 열매가 주렁주렁 열려 가득하게 됩니다. 마음이 뿌듯합니다. 교사를 하게 된 보람을 느낍니다. 열매를 바라보면서 대견하고 만족하고 감사하게 됩니다. 믿으면 아멘하기 바랍니다.

겨울 바람이 불면 날씨가 영하로 내려가면서 모든 균들이 죽습니다. 겨울 바람 같은 성령이 임하면 죄를 소멸합니다. 죄의 균이 죽게 됩니다. 세상에 대하여 냉철하게 됩니다. 믿으면 아멘하기 바랍니다.

옛날에는 청년들이 연애하러 돌아다니면 바람났다고 했습니다. 요즈음도 그런 말을 사용합니다. 바람이 나면 말릴사람이 없습니다. 그러나 바람이 잘못나면 집안 망하고 자신도 망합니다. 치마바람, 술바람, 여행바람, 과소비 바람 나면 문제가 커집니다.

성령바람 나면 축복 받습니다. 교사들이여! 성령충만히 받고 성령 바람나기 바랍니다.

성령충만히 받고 전도바람, 생명의 바람을 일으키기 바랍니다.

제자들이 바람 같은 소리를 들었다고 했으니 귀가 성령받았다고 봅니다. 말씀은 귀로 듣고 은혜를 받습니다. 갈가에 떨어진 씨는 듣는데 실패했습니다. 요즈음 많은 성도들이 귀 병이 났습니다.

귀만 큽니다. 웬만한 설교는 귀에 들어오질 않습니다. 귀가 교만해 졌습니다. 또 귀로 잘못 들으면 많은 오해를 하게 됩니다. 그러므로 귀가 성령받고 변화받아야 합니다.

그래야 어린이들의 소리를 들을 수 있습니다. 귀가 뚫리는 성령을 받기 바랍니다.

3. 불 같은 성령을 받는 교사들이 되기 바랍니다.

불의 혀 같이 갈라지는 것이 저희눈에 보였다고 했습니다. 눈이 성령을 받았습니다. 눈이 변화 받았습니다. 요즈음 사단이 눈 사냥을 합니다. 눈을 빼러 더닙니다. 어린이들로 부터 노년에 이르기까지 무차별하게 눈을 빼갑니다. 많은 사람들이 사단에게 눈을 빼앗겼습니다.

어린이들의 찬송가에도 "네눈이 보는 것 조심해"하는 가사가 있습니다. 정말 눈이 보는 것 조심해야 합니다.

하와도 선악과를 바라보니 먹음직하고 보암직 했다고 했습니다 (창3:6) 정말 세상에는 먹음직하고 보암직한 것들이 우리들의 눈을 사로 잡고 있습니다.

그런 의미에서 눈이 성령받아야 합니다. 눈 관리를 잘해야 합니다. 눈을 잘 지켜야 합니다.

눈이 하자는 대로 하면 인생을 실패하고 맙니다.

성령이 불같이 임했습니다. 불이 없으면 사람이 살수 없습니다. 불은 힘을 상징합니다. 불은 문명을 상징합니다. 불이 있어야 음식도 만들고 세상을 밝게 밝힐 수 있고 또 따뜻하게 할수 있습니다. 불는 태우기도 합니다. 바람과 불이 합작하면 무서운 힘이 됩니다.

초대교회 사람들은 바람 같은 성령, 불 같은 성령을 받고 복음으로 온 세계를 태웠습니다. 그 세력앞에 로마도 두손 들었습니다. 우리 교사들이 이런 성령을 받고 온 동네를 복음으로 태우기 바랍니다.

4. 방언받는 교사들이 되기 바랍니다.

방언을 받았다는 데는 또 다른 의미가 있고 생각합니다. 말이 달라진 것입니다. 말은 그 사람의 인격을 나타내고 직업을 나타내고 또 나라와 지역도 나타냅니다. 교사들은 말이 달라져야 합니다. 말이 인격적이어야 합니다. 긍정적이어야 합니다. 어린이들을 향하여 소망적이고 힘을 주는 말을 사용해야 합니다.

말 한마디가 사람을 죽이기도 하고 살리기도 한다는 것을 우리가 익히 아는 이야기입니다.

교회에서는 주여! 하고 부르짖고, 가정에서는 죽여! 하고 악을 쓰는 그리스도인들이 많습니다.

한 입으로 단물과 쓴물을 냅니다. 성령받은 사람은 말이 달라져야 합니다. 하나님의 자녀는 신분과 함께 말이 달라져야 합니다. 왕자와 공주를 가르치는 선생은 말에 인격이 있어야 합니다. 입이 거룩해야 합니다. 상황따라 홀짝 홀짝 마시는 주선생님이 되지 말아야 합니다. 상황따라 한대씩 피우는 초선생님이 되지 말아야 합니다.

성직자의 입술을 갖기 바랍니다. 말에서 예수님의 향기가 나야 합니다. 이런것이 가장 고상한 방언이 아닐까요?

헌신의 결단을 위한 끝맺음

기독교는 성령으로 시작이 되었고 성령으로 부흥이 되었습니다. 교회는 성령받은 사람들에 의하여 시작이 되었습니다. 교회학교 부흥도 성령받은 교사들을 통하여 부흥이 됩니다.

그래서 성령충만을 받아야 합니다. 온갖 기술을 다 익혀도 성령을 받지 못하면 무익합니다. 아직까지 성령의 뜨거운 체험을 받지 못한 교사들이 있다면 오늘 체험하기 바랍니다.

초대교회의 제자들 처럼 마음을 합심하여 기도함으로 성령받기 바랍니다.

성령 찬송 173장을 손벽을 치며 몇번 부른후 성령받기 위해 기도하겠습니다.

오늘 성령을 받았음으로 교회학교 교사로서 생애를 다 드려 헌신하겠습니다 하는 교사들은 일어나서 하나님과 헌신을 약속하시기 바랍니다.

이용윤 목사

- 꼭 해야할 일
- 갈렙의 신앙
- 어린이에 대한 예수님의 생각
- 결심이 필요한 때
- 거룩한 부담감

오 직 예 수 를 외 쳐 야 합 니 다.

꼭 해야 할 일

본문 : 행 26:24-29

　　　　미국사람들이 만들어 낸 이야기입니다. 나이가 많이 드시고 건강도 별로 좋지 않으신 할머니가 100만불 짜리 복권에 당첨되었답니다. 당첨 된 소식을 본인에게 알려야겠는데 문제는 할머니에게 "100만불 짜리 복권에 당첨되셨습니다" 했다간 보나마나 그 할머니는 기절하시거나 돌아가실 것 같아서 어떻게 알려드릴까 고민하던 중에 그 할머니가 다니던 성당의 신부님을 찾아가 자초지종 설명을 하고 그 할머니가 충격을 받지 않도록 복권 당첨소식을 알리게 했답니다.

　　신부님이 고민해 가며 할머니를 찾아가서 "할머니 절대로 그런 일이 없겠지만 만약 100만불 짜리 복권에 당첨이 된다면 어떻게 하시겠습니까?" 했더니 시큰둥하며 듣고 계시던 할머니가 대수롭지 않다 는 듯 "그런 일이 없겠지만 만약 100만불 짜리 복권에 당첨이 된다면 신부님 다 가지세요" 그 말이 떨어지자마자 신부님이 기절 하셨다는 이야기입니다.

일에도 할 일이 있고 해서는 안 되는 일이 있습니다. 갈곳이 있는가 하면 가서는 안 되는 곳이 있구요. 말도 해야 할 말이 있고, 하지 말아야 할 말이 있는데 참으로 어렵다는 사실입니다. 예를 들어서 할 말 못할 말 구분 못하고 아무 때나 입을 열어 이야기하면 대책이 없는 것입니다. 하지만 반대로 말해야 할 때 말하지 않으면 될 일이 안 되고 기회를 놓치기 십상인 것입니다.

오늘 본문 말씀은 사도 바울이 3차 전도여행을 마치고 예루살렘으로 들어 왔다가 아시아에서 온 유대인들로부터 고소를 당하여 재판을 받던 중 로마로 끌려가기 전 당시 유대를 다스리던 총독 베스도와 아그립바왕 앞에서 할 말을 할 기회를 얻고(변명) 이야기 한 내용입니다. 그 내용을 요약하면 이렇습니다.

A. 나는 원래 유대인이다. 그리고 예수를 믿는 사람들을 핍박했었다

B. 그 날도 예수 믿는 사람들을 핍박하려고 다메섹으로 가다가 주님의 음성을 들었다

C. 나는 그때부터 예수를 믿었고 전도하는 전도자가 되었다

D. 분명한 것은 이 예수님을 믿으면 구원을 받는 다는 사실이다.

E. 그 예수님을 믿으라고 했다는 이유로 나를 고소했고 오늘 이 재판을 받는 것이다.

F. 당신들도 내가 믿는 이 예수를 꼭 믿으면 좋겠다.

이 이야기 후에 배석했던 유대의 총독 베스도가 소리를 지릅니다.

- **베스도** : 바울아 너 미쳤구나 네 많은 학문이 너를 미치게 만드는 구나!
- **바 울** : 내가 미친 것이 아니라 참되고 정신을 차린 말을 하고 있습니다. 아그립바왕이여 당신도 예수님을 믿으시오.
- **아그립바** : 네가 하찮은 말로 나를 권하여 그리스도인이 되게 하려는 도다.
- **바 울** : 오늘 내 말을 듣는 모든 사람도 다 이렇게 결박된 것 외에는 나와 같이 되기를 원합니다.

오늘 이 말씀 속에서 헌신하는 교사가 꼭 해야 할 일이 무엇인지 알 수 있습니다.

1.전도해야 하는 것입니다.

당시 유대의 총독이나 아그립바왕은 유대인들의 민란이 일어나지 않도록 하기 위하여 애를 쓰고 있었습니다. 웬만하면 유대의 종교 지도자들의 비위를 거슬리지 않으려 했고 그들의 요구를 들어 주려고 했습니다. 알고 보면 바울의 편은 하나도 없었던 것입니다. 그런 상황에서 바울이 로마의 시민권 가진자라는 것 하나 때문에 재판을 하게 된 것입니다.

이때 말 한마디는 바울의 목숨이 왔다 갔다 하는 순간인데 여기에서 바울은 말 할 기회를 얻었고 자신의 신앙을 소개하며 재판자들과 바울을 고소한 사람들을 향하여 예수 믿으라고 전도를 하고 있는 것입니다.

여러분 이 상황이 전도의 기회입니까?
아닙니다. 잘못하면 죽음으로 치달을 수밖에 없는 분위기입니다. 그러나 바울은 그 상황에서도 전도를 하고 있습니다. 예수 그리스도에 대하여 말하고 있는 것입니다.

우리가 꼭 해야 할 일이 있습니다.
"예수 믿으십시오. 예수님을 믿으면 영생을 얻습니다" 라는 말. 즉 복음은 꼭 말해야 합니다. 전파하는 자 없이 들을 수 없고 듣지 못하고 믿을 수 없습니다. 전해야 합니다.
상황을 살피지 말고 예수 그리스도를 증거 하는 증인이 되어야 합니다.
디모데 후서 4장 2절의 말씀에 보면 "너는 말씀을 전파하라 때를 얻든지 못 얻든지 항상 힘쓰라"고 하셨듯이 헌신하는 교사 여러분들은 복음을 말하시기를 주님의 이름으로 축원합니다.

2. 오직 예수를 외쳐야 합니다.

총독 베스도가 "너 미쳤구나!" 할 때는 위축이 될 만도 하련만 바울은 전혀 위축되지 않았습니다. "아니오 나는 미치지 않았소 나는 정신을 차리고 하는 말이오. 내 말에 귀를 기울이시오 예수 믿고 영생을 얻으시오. 우리를 구원하실 이는 오직 예수님뿐이오"
바울은 미친 듯이 예수님만을 이야기했던 것입니다.
오늘 우리 교사가 꼭 가르치며 해야 할 말입니다.

예) 북한 사람들 보면 가슴에 김일성 배지를 달고 다닙니다. 우리가 볼 땐 그렇 게 자랑스런 인물은 아닌 듯 한데 북한 사람들은 위대하다고 떠들고 지난번 교환 방문 때에는 사진을 놓고 절하는 모습을 볼 수 있는 등 배지만으로도 대단한 자부심을 갖고 있는 모양입니다.

우리는 어떻습니까?
우리를 구원하시려고 십자가에서 죽으신 예수님이 위대하지 않습니까?
자랑하고 또 자랑해도 모자란 것 아닙니까?
예수님이 좋지 않습니까?
죄를 용서하시되 자신을 내어놓고 용서 하셨고 어떤 죄라도 다 용납하시고 받아주시는 예수님이 좋지 않습니까?

헌신하시는 교사 여러분!
예수님을 이야기합시다.
예수님만 증거 합시다.
예수님을 가르치시기 바랍니다.
예수님을 자랑하시기 바랍니다.

오직 예수님만 외쳐봅시다. 그래서 모두 예수님의 사람이 되도록 하십시오.

헌신하는 교사들은 예수님에게 이렇게 붙들려있기를 주님의 이름으로 축원합니다.

대개 나이가 들게 되면 꿈을 상실하고 옛 추억에 사로잡혀 삽니다.

갈렙의 신앙

본문 : 수 14:6-12

　　　　　전 고향에 가면 제 이름이 없습니다. 종손인 제 형 이름을 이야기하고 그의 동생이라고만 말합니다, "용선이 동생" 그 이상의 이름은 없는 것입니다. 여러분 중에는 그런 분 없으십니까? 누구의 아들. 누구의 형. 누구의 동생 등 말입니다.

　모세가 살아 있는 동안 여호수아는 철저하게 가려져 있었습니다. 모세의 그늘이 너무나도 컸기 때문에 그의 모습이 나타나질 못했습니다. 그러나 모세가 죽은 후 여호수아는 모세 못지 않게 지도력이 발휘되고 역량이 나타납니다. 그런 또 한 사람이 여호수아의 큰 그늘에 가려 빛을 보지 못합니다. 오늘의 주인공 갈렙 입니다. 모세나 여호수아가 큰 일을 하는 데에는 갈렙의 용기와 숨은 헌신이 있었기에 가능했다고 해도 거의 틀리지 않습니다. 사실 교회(주일)학교 교사는 드러나지 않는 사람들입니다. 하지만 이들이 없는 교회교육은 불가능합니다. 갈렙과 비슷한 것입니다. 그래서 전 오늘 모세나 여호수아가 하나님의 위대한 뜻을 이루어 가는데 꼭 필요했던 사람. 갈렙의 신앙을 헌신하려는 우리 교사들에게 소개하려고 합니다.

1. 갈렙은 믿음이 좋은 사람이었습니다.

갈렙이 40세가 되었을 때 여호수아와 함께 모세의 명령을 받고 가나안 땅을 정탐했습니다. 40일 동안 각 지파에서 선발된 12명에 섞여 정탐을 마치고 돌아와 보고를 했는데 여호수아와 함께 믿음의 보고를 합니다.

현실적인 상황만을 보았던 10명의 정탐꾼들은 "가나안 땅을 점령하는 것은 불가능하다" 그 성들은 높고 매우 견고했으며 그 성에 사는 사람들은 어찌나 큰지 거기에 비하면 우리는

메뚜기에 불과 합니다. 우리 힘만으로는 도저히 안되겠으니 포기해야 한다고 목소릴 높입니다. 이쯤 되자 이스라엘 진영은 술렁거리기 시작했습니다. "큰일이다 가나안 땅만을 바라보며 여기까지 왔는데 이젠 돌아 갈 수도 없고 꼼짝없이 광야에서 죽는 것뿐이구나" 하며 지도자 모세를 원망하고 두령들은 통곡을 해댑니다.

이때 나선 사람 중 한 명이 갈렙입니다. 여호수아와 함께 흥분한 백성들을 설득시킵니다. "지금까지 보고된 내용은 사실이다. 하지만 여기 까지 인도하신 살아 계신 하나님은 가나안을 능히 점령케 하실 것이다" 이 하나님을 믿고 나아가자는 이들의 설득력은 10사람의 보고를 희석시키고 결과적으로는 가나안 땅에 들어가게 했습니다.

믿음이 중요합니다. 현실적인 어려움은 항상 있기 마련입니다.

하지만 살아 계신 하나님이 함께 하심을 믿고 그 분을 의지하며 최선을 다하면 이루실 것이라는 믿음이 필요한 것입니다. 헌신하는 교사 여러분 이 갈렙의 믿음을 본 받으시기 바랍니다. 믿음이 좋은 교사들이 되시기를 바랍니다. 가능성을 보고 현실을 극복하는 긍정적인 믿음의 소유자들이 다 되시기를 주님의 이름으로 축원합니다.

2. 갈렙은 꿈이 있는 사람입니다.

나는 하나님을 믿는 사람이며 하나님은 나에게 약속해 주시기를 네 발로 밟는 땅을 네게 주시겠다고 약속 하셨고 사십 오 년 동안 이 지켜 주셨으므로 이젠 그 모든 일을 이루실 줄 확신하면서 본문 12절에 "이 산지를 내게 주소서"합니다. 갈렙의 나이가 85세나 되었음에도 불구하고 꿈을 간직하고 있었던 것입니다.

대개 나이가 들게 되면 꿈을 상실하고 옛 추억에 사로 잡혀 삽니다. 옛날에는 나도 괜찮았었는데 하거나 고생스러웠던 날들을 떠올리며 살아가는 것이 우리들입니다. 하지만 오늘 갈렙의 모습은 85세의 나이 임에도 불구하고 "이 산지를 내게 주소서"하며 꿈을 펼치고 있는 것입니다. 어떻게 이것이 가능했습니까?

첫째. 갈렙은 건강했습니다. 육신이 건강했고 정신이 건강하여 항상 긍정적이었으며 신앙이 매우 건강했습니다. 건강한

갈렙은 꿈을 갖고 있었고 계속 추진할 수 있었던 것입니다

교사 여러분! 건강하시길 바랍니다. 건강해야 꿈을 키울 수 있습니다.

둘째. 갈렙은 용기가 있었습니다. 성이 크고 견고했으며 원주민인 아낙 자손은 덩치가 크고 힘이 센 모습이었으나 우리에겐 하나님이 함께 하신다는 믿음이 있었기에 두려워하지 않았던 것입니다. 이 믿음을 소유한 갈렙은 꿈을 꿀 수 있었던 것입니다. 갈렙의 하나님이 오늘 우리의 하나님이 되십니다. 이 하나님을 믿고 용기를 갖고 있으면 꿈을 펼칠 수 있는 것입니다.

갈렙은 건강함과 용기를 바탕으로 가나안 땅에 들어 갈 수 있다는 꿈을 버리지 않았습니다. 교사 여러분! 꿈을 갖기를 바랍니다. 10년쯤 앞을 내다보시면서 하나님을 기쁘시게 하는 좋은 꿈을 펼치는 교사들이 되시길 주님의 이름으로 축원합니다.

3.갈렙은 승리한 사람입니다.

가나안 땅에 들어가서 갈렙이 받은 땅은 거칠고 높은 산지였습니다. 그곳의 원주민은 아낙 사람들이었는데 아낙 사람들 중에서도 가장 덩치가 크고 산악 지역에서 잘 훈련된 사람들이었으며 전

쟁에 능하고 싸움을 좋아하는 사람들이었으나 85세의 갈렙이 하나님의 도움을 입어 이들을 물리쳐 이겼고 전쟁을 끝냅니다. 그 산지의 주인이 된 것입니다.

하나님께서 약속 하셨다는 믿음의 확신이 갈렙에게 있었기에 그 하나님을 의지하며 약속을 이루고 그토록 꿈을 꾼 가나안에 정착한다는 신앙으로 전쟁을 치루어 낸 승리자 였던 것입니다.

하나님께서 우리에게 약속하신 것이 있습니다. 예수 그리스도를 믿고 용서함을 받은 우리들이 천국에 이르게 된다는 것과 그 천국에 이를 때까지 인도하시고 지켜 주셔서 인생이 승리하도록 하시겠다는 약속입니다.

사랑하는 교사 여러분!

이 약속을 믿으시기 바랍니다. 갈렙을 승리케 하신 우리 하나님이 이 시대를 살아가는 우리들을 승리케 하십니다.

믿음을 가집시다. 하나님이 살아 계시므로 두려움이 없고 어떠한 현실의 어려움이 있어도 하나님이 함께 하여 주시면 이길 수 있다는 믿음을 가지시길 바랍니다. 이 믿음으로 교사를 하십시다.

꿈을 가집시다. 하나님의 뜻을 이루는 꿈을 꿉시다. 비록 지금은 이루어지진 않았어도 아니 비현실적인 것 같아도 이상을 가져야 합니다. 이 꿈은 하나님의 거룩한 뜻이며 이 꿈은 하나님이 이루시는 것을 믿으시길 바랍니다.

믿음과 꿈을 가진 우리 교사는 반드시 승리한다는 사실 또한 확신하시길 바랍니다. 이 모든 일은 철저하게 가려져 있던 사람 갈렙을 통하여 가능했습니다. 내 모습이 드러나진 않아도 상관없습니다. 승리는 모세나 여호수아에게만 있었던 것이 아닙니다. 가려진 사람 갈렙을 통해서도 있어진 것입니다. 더 소중한 것은 갈렙을 통하여 하나님만 높임을 받으셨다는 사실입니다. 우리 교사들의 헌신으로 무너져 내릴 것 같은 이 민족의 교회가 살아나고 예수님만 높임을 받았으면 더욱 좋겠습니다. 어린 영혼들이 하나님 영광을 위하여 멋있게 살아가도록 숨겨진 갈렙이 되시기를 주님의 이름으로 축원합니다.

"어 린 아 이 와 같 지 아 니 하 면 천 국 을 볼 수 없 다"

어린이에 대한
예수님의 생각

본문 : 막 10:13-16

　　　　　신체적으로 성장이 덜 되었고 정신적으로 어려 철이 없으며 교육을 받는 과정이어서 그 인격에 많은 문제가 있고 무슨 일이나 스스로 판단 할 수 없는 미완성의 존재. 그러나 이들에겐 무한한 가능성이 있고 미래가 있는 21세기의 주역. 바로 이들이 어린이입니다.

　그럼에도 불구하고 교인의 숫자에도 들어가지 않는 교회현실. 그 흔한 분반 공부 실도 없는 것이 어린이 교회 교육의 현실이라고 할 때 한국교회의 미래가 염려 될 수밖에 없는 상황에서 또다시 어린이 주일을 맞고 있습니다.

　그렇다면 과연 어린이에 대한 예수님의 생각은 어떠하실 까요? 오늘 본문의 말씀 속에서 찾아보며 우리의 생각을 정돈하고 헌신하는 우리 교사들에게 도움이 되고자 합니다.

1. 어린이도 "똑같은 영혼"이라는 말씀입니다.

　예수님이 가정에 대하여 말씀을 하고 계실 때 어린아이가 있는 부모들이 어린아이들을 데리고 나아와 만져 주심을(축복의 안수) 바랐습니다. 어린이들이 많이 나아오게 되니까 자연스레 소란해졌을 것입니다. 이에 주님의 제자들이 나아오는 것을 꾸짖게 되었습니다. 우리도 그렇습니다. 어린이가 많아지면 소란스러울 것입니다. 제발 어린아이들이 없었으면 좋겠다는 생각은 아닐 테지만 "좀 조용히 하게 해야지 그리고 부모는 도대체 무엇을 하는지…" 등 이야기 할 수 있을 것입니다. 무엇이 옳은 것입니까? 오늘 본문의 말씀 속에 예수님의 생각이 있습니다. 14절입니다. "예수께서 보시고 분히 여기시고" 무슨 뜻입니까? 어린이들이 내게 오는 것을 막지 말라는 말씀입니다. 어른이나 어린이나 다 똑같은 영혼이라는 말씀입니다.

　예) 우리가 기차를 탈 때 어린이는 어른의 반액을 지불합니다. 소위
　　　반 표라고 합니다
　　　그래서 어른 한 명이 어린이 두 명과 같은 것이 아니잖아요?

　아직은 좀 문제가 있어도 상관없습니다. 완성된 것이 아니기 때문입니다. 좀 소란 할 수 있습니다. 만약 어린이가 교회에 와서 어른처럼 가만히 있는 다면 오히려 그 아이는 병이 들었거나 오고 싶지 않은 교회에 억지로 와 있는 아이 인 것입니다. 어린이를 똑

같은 영혼으로 보신 주님 생각에 그동안의 내 고정관념을 떨쳐 버리시기 바랍니다. 그렇지 않은 교사는 없겠습니다마는 교사는 어린이가 천하보다 귀한 한 영혼임을 믿으시길 축원합니다.

2. 어린이는 "무한한 가능성의 존재"라는 말씀입니다.

어린이의 가능성은 순수성에 있습니다. 그래서 주님은 "어린 아이와 같지 아니하면 천국을 볼 수 없다"고 까지 하셨습니다. 그 순수함을 바탕으로 잘 양육하면 무한한 가능성이 있는 존재가 바로 어린이라는 사실입니다. 여기에서 중요한 사실은 어떻게 양육을 하여야 그 가능성이 극대화되어 인재가 될 수 있느냐는 것입니다. 이에 대하여 두 가지로 나누어 말씀을 드릴 수 있는데 그 첫째는 교회교육의 문제입니다. 교회의 관심이 어린이에게 있어야 합니다. 1778년 영국교회의 어린이에 대한 관심이 20여 년 뒤의 영국교회 부흥으로 이어졌고 장년부의 부흥이 일어날 때 어린이에 대한 무관심으로 교회가 무너져 내리는 위기를 맞은 것처럼 교회가 어린이에게 적극적인 관심과 교육의 회복이 필요하고 두 번째는 가정에서의 어린이 양육인데 너무 기능적 성향에 편중하지 않아야 합니다.

예) 쥬이시 마더(Jewish mother). 즉 유대인의 어머니 교육에서 힌트를 얻으면
   1) "그 앤 잘하던데 너는 왜 그러니?" 라는 식으로 다른 아이와

비교하지 않아야 한다
2) "한번만 더 그러면 알아서 해!" 라고 위협을 하지도 않는다
3) "잘못한 것 다 기록해 놓고 읽어주는 식"으로 잘못을 다시 거론하지 않는다
4) " 잘 논다. 그래봐야 뻔하지 뭐"라고 조소하지 않는다

아인슈타인(Einstein)의 고등학교 성적표에 "무슨 공부를 하여도 성공 할 가능성이 없음"이라고 기록되어 있어도 그의 어머니가 "걱정 할 것 없다. 남과 같아지려고 하면 결코 남보다 나아 질 수 없다"며 자신감을 주며 기다려준 어머니가 있었기에 세계적인 물리학자가 나올 수 있었던 것입니다. 어린이에겐 무한한 가능성이 있습니다 문제는 교회가 이 교육에 최선을 다하여야 하고 또 가정에서 이들의 가능성에 기대하며 양육하고 기다려 주면 주님의 뜻대로 쓸만한 존재로 거듭나게 될 것을 믿으시기 바랍니다.

3. 이들에게 "미래가 달려있다"는 생각 이셨습니다.

오늘 말씀에 보니까 예수님은 어린이들을 일일이 안수해 주시며 축복해 주셨습니다. 이들이 잘되어야 한다는 생각은 "이들에게 미래가 달려 있다"는 것 때문이셨습니다. 이들이 WF되면 우리의 가정이 잘 되는 것 아닙니까? 더 나아가서 나라가 잘 되는 길입니다. 아울러 교회의 장래도 우리 어린이들에게 달려 있는 게 사실입니다. "쟤들이 언제 커서…"하실지 무르겠습니다만 아닙니다. 10년

이면 승부가 납니다. 우리의 내일은 어린이들이 분명합니다.

> 예) 1919년 3.1운동 이후 온통 교회가 어린이에게 관심을 갖게되고 25년 간 계 속된 어린이 교육의 바탕이 1960년대의 장년부 부흥에 지대한 영향을 끼쳤습니다.
> 그때 어린이보다는 예배당 짓기에 급급한 한국교회는 21세기를 앞두고 정 체현상 내지는 마이너스 성장이라는 딜레마에 빠져있는 것입니다.

어린이들이 복을 받아야 합니다. 민족이 살고 교회가 재 도약하며 지구촌을 변화시키는 것은 이들에게 달려 있는 것입니다. 오늘 우리는 어린이에 대한 예수님의 생각이 무엇인지 알았습니다. 아울러 우리가 이 어린이들 앞에서 무엇을 어떻게 하여야 하는지도 알게 되었습니다. 어린이들이 믿음을 가지고 자라나도록 그 환경을 만들고 관심을 가져야 합니다. 아울러 정의와 사랑을 실천하도록 우리가 바르게 살아가는 모습을 보여 주어야 할 때입니다.

헌신하는 교사 여러분!

예수님의 생각과 일치하기를 바랍니다. 그것이 우리들의 사명이기도 합니다. 어린이가 우리와 똑같은 영혼이며 아니 오히려 우리보다 무한한 가능성의 존재이고 우리의 내일이 그들에게 달려 있다는 주님의 생각이 오늘 우리 교사들의 생각이 되시길 바랍니다.
우리에게 어린이들이 있으므로 기쁨이 있습니다.

결 심 으 로 인 하 여 우 리 는 변 화 될 것 입 니 다.

결심이 필요한 때

본문 : 눅 9:51-58

어느 대학의 윤리학 시간에 교수님이 학생들에게 실례를 들었답니다. "어느 부부가 남편은 성병에 걸렸고 부인은 폐결핵으로 고생하고 있었는데 네 자녀 중 얼마 전 한 자녀가 병들어 죽었고 나머지 세 자녀도 폐결핵에 걸려 다 죽어 가는데 부인이 또다시 임신을 했다면 어떻게 하여야 할까요?"라고 물었답니다. 똑똑한 학생 하나가 교수님의 말이 떨어지기 전에 "낙태 시켜야 합니다"라고 이야기 할 때 아니라고 하는 학생이 없었습니다.

그때 교수님이 말씀 하셨습니다. "자네는 지금 베토벤을 죽였네" 베토벤은 그렇게 세상에 태어났기 때문입니다. 결심은 이렇게 중요합니다. 잘못하면 큰 실수가 되고 잘 하면 성공하기 때문입니다. 여기에서 분명한 것 하나가 있는데 결심 할 때에는 결심하여야 한다는 사실입니다.

본문의 말씀은 예수님이 예루살렘으로 올라가시기로 결심하십니다. 예루살렘에서는 예수님을 죽이려는 계획이 진행되고 있었고 예수님은 그 사실을 알고 계셨습니다. 하지만 예수님은 비장한 결심을 하십니다. 죽더라도 예루살렘에 올라가자는 것입니다. 그것이 하나님의 뜻이라는 것입니다.

예) 순교자 주기철 목사님은 오산학교를 졸업하고 평양신학교에서 공부를 하셨습니다.
당시 교장으로 계시던 남강 이승훈 선생님이 주기철 목사님에게 이런 제안을 했습니다. "이제 동경 유학을 마치면 돌아와서 평양 신학교를 맡아 주세요"라고 간곡하게 부탁을 하셨는데 주기철 목사님은 "죄송합니다. 저는 하나님 앞에서 목회자로 헌신을 했습니다" 라며 결심을 굽히지 않으셨다는 사실입니다

내가 교사가 되어 헌신하는 것이 하나님의 뜻이라고 믿을때 결심하실 수 있습니다. 아무리 좋은 일들을 제안해 온다고 해도 교사를 하는 것을 우선하는 결심이 필요하고, 내가 교사로서 하나님 앞에서 제대로 된 헌신이 필요한 것입니다.
예수님은 죽음이 나를 기다린다 해도 하나님의 뜻이면 예루살렘에 올라가시겠다는 결심을 내린 것입니다. 많은 사람들의 이야기를 듣고 토론도 해 보지만 사실 결심은 본인이 하는 것입니다. 교사를 하는 것도 마찬가지입니다.
예수님에게서 배워야 하는데 적어도 예수님의 결심 속에는 이기심이 없습니다. 욕심도 없습니다. 또 다른 생각도 하시지 않으십

니다. 사실은 어떤 일들이 예루살렘에서 벌어질지 너무나 잘 알고 계시지만 오로지 하나님의 뜻이라는 것. 그것만으로도 결심하시기에 충분 하셨습니다. 한가지 더 있었다면 이것이 내가 이 땅에 온 이유라는 사실을 알고 계셨고 그 사명을 지키신 것입니다. 그 결과 오늘 말씀에 언급 된 것처럼 예수님은 다시 살아나셨고 "승천"하시게 되는 것입니다.

교사들이 헌신예배를 드릴 때면 많은 결심을 합니다. 하지 말아야 할 것을 찾아서 써 붙이기도 하고 이 일은 꼭 해야겠다고 다짐을 해 보기도 합니다. 그런데 문제는 그대로 행하기가 쉽지 않다는 것입니다. 거기엔 몇 가지 이유를 이야기 할 수 있습니다.

a. 의지가 약하기 때문이라는 것입니다.
b. 하던 일에 대하여 미련이 남아있기 때문일 수 있습니다.
c. 새로운 결심이 구체적이지 못하기 때문일 수 있습니다. 하지만 이보다 실패하는 분명한 이유는 하나님의 뜻이라는 신앙 고백이 담겨져 있지 않기 때문입니다. 사실 우리 믿음의 사람들은 하나님의 뜻일 때 목숨을 거는 것 아닙니까? 여기에 분명한 우선 순위가 결정되고 교사의 사명을 잘하기 위하여 애를 쓴다는 것입니다.

사랑하는 교사 여러분! 결심한 것은 지킬 때 비로소 그 가치가 있는 법입니다.

오늘 본문의 말씀을 보니까 이 과정에서 오해가 생겼습니다. 예수님이 사마리아를 통과하시려고 하는데 사마리아 사람들이 받아드리질 않는 것입니다. 이유는 그동안 예수님은 이 사마리아를 자주 지나가셨고 사마리아 사람들은 이것을 좋게 여겼는데 지금은 사정이 다르다는 것입니다. 예수님이 우리 사마리아의 왕이 되신다면 몰라도 예루살렘의 왕이 되시려고 예루살렘으로 가시니 우리는 길을 열어 줄 수 없다는 것입니다.

상황이 이렇게 되자 제자 중에서 야고보와 요한이 나섭니다. "주여! 우리가 불을 명하여 하늘로 쫓아내려 저희를 멸하라 하기를 원하시나이까?" 무슨 말입니까? "이 동네를 확 태워 버릴까요?" 이렇게 말하고 있는 것입니다. 원래 야고보나 요한이 이런 사람이 아닙니다. 혹 베드로라면 몰라도 말입니다. 예수님께서 돌아보시고 꾸짖으심으로 수습은 되었습니다만 예수님의 결심 때문에 오해가 생기기도 했던 것입니다.

우리는 알아야 합니다. 결심하고 지키려 할 때 오해가 생길 수 있는 것입니다. 고집불통이라는 말을 들을 수 있고 미련하다느니 무능력하다느니 하는 이야기를 들을 수 있음을 기억하시기 바랍니다. 또 최선을 차선이 가로막기도 합니다.

"빙점"이라는 소설로 우리에게 잘 알려진 "미우라 아야꼬"가 쓴 "고난이 의미하는 것"이라는 책 속에 이런 이야기가 있습니다. "인생에 있어서 두 번째로 좋은 일이 제일 좋은 것을 가로막는다"고 말입니다. 이때가 가장 중요한 시기라는 것입니다. 순서가 바

뛰어도 문제가 됩니다만 두 가지 다 하려다 두 가지 다 놓친 다는 의미입니다.

예) 주일을 잘 지키려고 하는데 손님이 오셨습니다. 손님을 대접하는 것은 좋은 일 입니다. 하지만 그것은 차선입니다.

이젠 결심을 하여야 합니다.
교사로서 내 모든 삶을 열고 헌신할 것을 결심하셔야 합니다.
때로는 어려운 일들도 있을지 모릅니다. 교사를 그만 하는 것이 어떠냐고 유혹이 올 때도 있을 것입니다. 하지만 오늘 우리는 위대한 결심을 하여야 합니다. 예수님 예루살렘에 들어가시는 심정으로 평생 교사를 하겠다고 다짐을 해야 하는 것입니다.

교사로서 제대로 된 결심을 하면 인내 할 수 있게 됩니다.
하나님께서 원하시는 결심을 하셨다면 우리는 더욱 더 잘 해 낼 수 있습니다.
이 결심으로 인하여 우리는 변화될 것입니다.
아울러 결심은 지킬 때 비로소 그 가치가 있는 것입니다.
신앙으로 고백하며 하나님의 도우심을 받는 것도 매우 중요합니다.
결심하는 사람은 직선 거리를 갑니다. 그리고 최선을 다 합니다.
그래서 제대로 결심을 하는 교사는 좋은 교사. 성공하는 교사가 될 수 있는 것입니다 사랑하는 교사 여러분!

교사로서 삶의 태도를 결정하는 모든 결심이 필요합니다.

오늘 함께하시는 주님과 함께 신앙의 결심이 필요한 것입니다.

이번 헌신예배를 통하여 교사로서 좋은 결심, 바른 결심, 필요한 결심으로 좀더 나은 삶이 되시길 주님의 이름으로 축원합니다.

"제게 부족한 것이 무엇입니까?"

거룩한 부담감

본문 : 마 19:16-22

누구든지 신앙생활, 그리고 교회생활이 좀 자유하길 원 합니다. 나의 필요에 의하여 신앙을 갖고 교회를 선택하며 어디에 매이지 아니하고 원하는 대로 교회생활을 하기를 바라는 마음들이 있는 것입니다. 그러나 현실은 그렇지 못한 경우가 참으로 많습니다. 특히 교사를 하려면 많은 어려움이 기다리고 있는 것입니다. 이로 인하여 나름대로 갈등이 생기는 것이 사실이구요. 마음은 원하는데 육신이 약한 것입니다.

저는 오늘 교사로 헌신하는 여러분들에게 이것을 일컬어 "거룩한 부담감"이라고 말씀드립니다. 분명히 우리의 교회생활에서 존재하고 있는 대목이구요. 더 나아가 교사로서 신앙으로 해결해야 할 현실이기 때문입니다. 그런데 이런 문제는 이 시대를 살아가는 우리에게만 있었던 것은 아닙니다.

예수님께서도 이 "거룩한 부담감"이 있으셨습니다. 갈릴리 주변에서 사역을 하시면서 많은 병든 자를 고치시는데 이로 인하여 입소문이 나게 됩니다. 유대 지도자들이 가만히 있지를 않습니다. 때는 아직 아닌데 쉴새없이 그들이 도전을 해 올것이 뻔한데 소문은 끊이질 않아서 입 단속을 해 보지만 그게 맘대로 되질 않습니다. 매우 부담스러워 하십니다.

이 정도는 아무것도 아니었습니다. 예수님이 가장 힘들어하신 것은 역시 십자가를 지실 때입니다. 그래서 자주 기도 하셨고요, 결국에는 이런 기도를 하십니다. "할 수 있거든 이 잔을 내게서 옮겨 주십시오"라고 당시의 부담감을 말해 주고 계십니다.

사도 바울도 "거룩한 부담감"으로 심적인 고생을 합니다. 3차 전도 여행을 마치려 할 때 많은 사람들이 예루살렘으로 돌아가지 말라고 이야길 합니다. 예루살렘에 가봐야 구속되는 것 뿐 아니라 많은 어려움이 기다리고 있다는 것입니다. 사도 바울이 모르는 바 아니지만 복음을 전하려 함에는 목숨도 아끼지 아니해야 한다는 생각 하나만으로 예루살렘에 들어갑니다. 이 때의 바울의 심정을 생각해 보시기 바랍니다. 얼마나 부담스러운 일입니까?

오늘 본문의 말씀을 보면 이 거룩한 부담감을 떨쳐버리지 못하고 힘들어하는 한 젊은이를 만나게 됩니다. 사실 괜찮은 청년입니다. 영생에 대하여 관심이 있어서 예수님을 찾아온 청년입니다. 그리고 계명을 지켜야 한다는 말씀에 인간으로서 지킬 수 있는 것은 거의 지켜 온 청년입니다. 윤리나 도덕적으로도 별 문제가 없는 건전한 청년이었던 것입니다. 게다가 상속을 받았는지, 아니면 벌었는지 좌우지간 돈이 많았습니다. 예나 지금이나 돈이 많으면 어느 정도의 지위가 보장되지 않습니까? 현실적으로 이 정도의 청년이면 괜찮은 청년입니다. 외모는 어떤지 모르겠습니다만 요샛말로 신랑감으로는 A급에 속하지 않나 싶습니다.

이 청년이 예수님에게 율법은 나름대로 다 지키며 살았는데 "제게 부족한 것이 무엇입니까?"라고 물었습니다. 주님의 대답이 "네가 온전하고자 할진대" 하시면서 "있는 것을 팔아서 가난한 사람들에게 나누어주고 나를 좇으라"고 하십니다. 뜻하지 않은 주님의 말씀에 이 청년이 심히 부담스러워합니다. 이 주님의 요구가 "거룩한 부담감"이 되었던 것인데 결과적으로는 그가 그 부담감을 떨쳐 버리진 못하고 맙니다.

혹 여러분 이런 부담감이 없으십니까? 그냥 주일이면 교회에 가서 목사님 말씀 듣고 집으로 돌아와서 쉬면서 편안한 주일로 보내고 좀 쉽게 믿음 생활을 할 수도 있는 것 아닙니까? 그런 사람들이 많이 있거든요.

어떻습니까? 하지만 주님의 일을 제대로 하려면 이 부담감이 없을 수 없다는 사실입니다. 교사로 헌신하는 일만 해도 그렇습니다. 말로만 되는 것이 아니지 않습니까. 교사를 제대로 하려면 시간을 내어야 하구요 훈련도 받아야 합니다. 물론 성경보고 기도하는 것을 쉴 수 없구요. 뼈를 깎는 어려움도 있는 것입니다. 그래서 거룩한 겁니다

교회에서는 끊임없이 투자하여야 하고 그렇다고 그 결과가 꼭

보장되는 것도 사실 아닙니다. 그래도 해야 하는 것이 교인인 것입니다. 이 모두가 피할 수 없는 주님의 요구 아닙니까? 그래서 교사를 하는 일은 "거룩한 부담감"인 것입니다.

사실. 개인의 신앙생활에서도 마찬가지입니다. "이것만 없어도 교회생활에 부담이 좀 적을 텐데"하는 것들 말입니다.

예) 예배 시간에 "기도만 안 시켜도 좋겠는데"하시는 분도 계실 거고"전도만 아니어도" 부담스럽지 않겠는데 하시는 분도 계실 겁니다."식당 봉사만 없어도" 좋겠다고 생각하시는 분도 계실 것이고,"새벽기도만 없어도" 좋을 텐데 하시는 분도 계시지요?"십일조가 마음에 걸리는 분"도 계실 것입니다.

부담스러운 것들이 있는 거예요. 그러면 이 일들이 왜 거룩합니까? 알고 보면 주님이 원하시는 것 아닙니까? 주님과 함께 지는 멍에입니다. 아니 주님이 지신 십자가인 것입니다. 그래서 교사의 직분은 적어도 "거룩한 부담감"인 것만이 사실입니다.

이 거룩한 부담감의 특징이 있습니다.

첫 째는

그리스도인은 피할 수 없다는 것입니다. 어디로 가든지 사실 주님 이 앞장서 가십니다. 그래서 예수님도, 사도 바울도 기도하면서 피하시지 않으셨습니다. 왜냐하면 하나님의 뜻이었기 때문입니다. 사랑하는 교사여러분! 교사를 피하지 마십시오. 하나님의 뜻이기에 감사함으로 받으시길 바랍니다.

두 번째는

제일 자신이 없거나 내가 제일 사랑하는 것을 아시고 그것을 주님이 요구하시므로 부담감으로 작용한다는 특징이 있습니다. 나에게 가장 약점일 수밖에 없는 부분을 통하여 "거룩한 부담감"은 작용을 하는 것입니다. 나 자신도 추스리지 못하는데 무슨 교사를 하겠냐구요? 나는 다른데 관심이 많은데 그 일을 어떻게 해야 할지 고민스러울 수도 있습니다. 하지만 주님은 할 수 있다고 맡기셨으니 기도하면서 맡는 것이 우리의 본분인 것입니다.

셋 째는

믿음이 좋아지면서 떨쳐 버리게 된다는 특징이 있습니다. 피하거나 실패하면 시험이 되고, 긍정적이면서 적극적으로 돌파하면 그 부담감이 오히려 우리를 자유 하게 하는 특징이 있는 것입니다. 교사를 하다가 보면 나도 모르는 사이에 좋은 믿음이 되는 것입니다. 우리 교사들에게 주신 특별하신 은혜인 것입니다.

본문의 말씀으로 돌아가 봅니다. 이 청년의 문제는 무엇입니까?

언 뜻 보면 돈이 많은 것이 문제처럼 보입니다. 하지만 그런 문제는 아닙니다. 여러분도 돈이 많아도 됩니다. 그것이 문제가 아닙니다. 그러나 이 청년처럼 돈을 사랑하여 그 돈 다 내어놓기엔 믿음이 없는 것이 문제가 될 수 있습니다.

하지만 진짜 문제는 그것도 아닙니다. 본문 20-21절의 주님 말씀에서 그 근거를 찾을 수 있습니다. 청년이 "아직도 내가 무엇이 부족하니이까"라고 하자 주님께서 "네가 온전하고자 할진대…"라고 하십니다. 무슨 이야기입니까? 어차피 우리는 온전하지 못한 존재입니다. 하지만 이 청년은 온전한 줄 생각하고 있었던 것입니다. 그것이 문제가 된 것입니다.

어차피 우리는 다 할 수는 없습니다. 그래서 부족하오니…하는 것입니다. 연약한 믿음에게 주님은 이길 수 없는 어떤 요구를 하시지도 않으십니다. 깨닫는 은혜가 있고 작은 믿음이 생겨 지면서 우리 안에 "거룩한 부담감"이 생겨나는 것입니다. 이 때 주님 앞에서 우리의 태도가 중요합니다. "주여! 부족합니다. 믿음을 주십시요"라고 신앙을 그대로 고백하면 되는 것입니다.

세월이 조금 지나면 그렇게 부담스러웠던 부분들을 나도 모르게 뛰어 넘고 있음을 볼 수 있을 것입니다. 교사로 헌신하라는 진정한 주님의 요구가 부담스럽게 느껴질 때, 이것이 바로 "거룩한 부담감"이로구나 하시며 자신의 연약함을 주님께 진솔하게 고백하고 이겨내는 교사 여러분들이 다 되시기를 주님의 이름으로 축원합니다.

임 세 빈 목사

- 충성된 교사가 됩시다.
- 동역자와 함께하는 사역

맡은 즉시 그 맡은 일에 충성해야 합니다

충성된 교사가 됩시다

그 주인이 이르되 잘 하였도다 착하고 충성된 종아 네가 작은 일에 충성하였으매 내가 많은 것으로 네게 맡기리니 네 주인의 즐거움에 참예할지어다 (마25:21)

작심삼일(作心三日)이란 말이 있습니다. 마음에 작정한 것을 사흘 못 넘긴다는 말입니다.

어느 가정에서 가족 회의를 열었습니다.

"이제 새해를 맞았으니 우리 모두 잘못된 습관이나 폐습을 한가지씩 고쳐 나가도록 합시다."

가장인 아버지의 제안에 모두가 찬성했습니다. 그래서 '잔소리'가 많다는 시어머니는 「금잔 - 잔소리 안하기」, '바가지'를 잘 긁는 아내는 「금바 - 바가지 안긁기」, '담배'를 잘 피우는 시아버지는 「금연 - 담배 안 피우기」, '술' 잘먹는 남편은 「금주- 술 안먹기」를 하기로 결정 했습니다. 그리고는 누구나 다 잘 보이는 곳에 [금바, 금잔, 금연, 금주)라고 커다랗게 써 붙여놓고, 만약 어길 경우 한번 어길때마다 만원씩 벌금을 내기로 결의 했습니다.

하루가 지났습니다. 서로는 서로를 감시하면서 '어기면 벌금이 만원!' 하고 큰 소리쳤습니다. 둘째날이 되었습니다. 서로가 서로를 감시하면서도 속으로는 "참아야지~" 하면서 이를 악물었습니다.

사흘째가 되었습니다. 담배를 도저히 참을 수 없게된 시아버지가 '자, 여기 돈 만원~' 하고 만원짜리 지폐를 던져 놓고는 담배를 꺼내 들었습니다. 이걸 쳐다보던 시어머니도 "나도 만원 여기 있수~" 하고 만원을 던져놓자 마자 사흘동안 하지 못한 잔소리를 퍼부어대기 시작 했고, 남편도 "나도 만원 여기 있어요" 하고는 감춰놓은 술병을 찾아다 놓고는 술잔을 벌컥 벌컥 들이켰습니다. 이걸보던 며느리도 "나도 돈 만원 여기 있어요" 하고는 그동안 긁지 못했던 바가지를 박박 긁기 시작 했습니다.

위의 이야기는 우리가 결심한 것을 지켜 나가는 것이 얼마나 어려운가를 가르쳐 주는 일화입니다.

그러나 분명한 것이 있습니다. 지키기 힘들고, 견디기 힘들어도 자기가 계획 한 일을 끝까지 실천하게되면 반드시 좋은 결과를 얻는 다는 사실입니다. 그리고 이렇게 한가지 일에 최선을 다하는 것을 우리는 충성이라 말 합니다.

교사는 하나님께서 세우신 직분입니다(고전12:28). 그리고 직분을 맡은 자는 충성된 일꾼이 되어야 합니다(고전4:2). 그러면 우리는 어떻게 충성해야 할까요?

1. 충성의 의미

충성(忠誠)이란 신약 성경을 기록한 헬라어로는 '피스티스(Pistis)'로, [진실], [성실], [믿음], [신실] 등의 의미를 가지며, 구약 성경을 기록한 히브리어로는 '아만(Aman)'으로, [확고부동], [불변], [버틴 기둥] 등의 의미를 갖습니다.

누가 충성된 사람입니까? 진실한 사람입니다. 성실한 사람입니다. 믿음을 가진 사람입니다. 믿을 수 있는 사람입니다. 또한 그 주어진 일에 확고부동한 자세로, 불변하는 자세로 최선을 다하여 교회와 가정과 사회의 버팀목이 되는 사람입니다.

그 옛날 고려조가 망해가던 때에, 고려의 충신으로 유명한 정몽주 선생이 있었습니다. 태조 이성계를 도와 이씨 조선을 세우는데 앞장 섰던 이방원은 정몽주의 높은 학식과 절개를 아까워하며 그를 이씨 조선에 불러들여 개국공신으로 함께 일하고 싶어 그를 찾아 갔습니다. 그리고는 그의 마음을 떠 보려 '이런들 어떠하리 저런들 어떠하리 만수산 드렁칡이 얽혀진들 어떠하리 우리도 이같이 얽혀 한백년 살고지고' 하고 시 한 수를 읊었습니다. 그러자 정몽주는 '이몸이 죽고 죽어 일백번 고쳐죽어 백골이 진토되어 넋이라도 있고 없고 임향한 일편단심이야 가실줄이 있으랴' 하고 답했습니다. 결국 정몽주는 선죽교에서 이방원에게 철퇴를 맞아 피흘려 죽어가면서까지 충절을 지켜 고려조에 충성 했습니다.

충성이란 무엇입니까? 충성이란 하나님 앞에서 믿음을 지키는 일입니다. 주신 사명에 성실하고, 진실된 마음으로 최선을 다하는 것입니다. 하나님의 일을 위해 목숨이라도 내어 놓고 헌신하는 삶입니다.

하나님은 그 마음에 충성됨을 보시고 사람을 선택하십니다.

아브라함은 충성된 사람이었기에 믿음의 조상으로 선택되었습니다(느9:8). 다니엘도 나라가 망해 바벨론의 포로가 되어 노예의 신분으로 바벨론에 끌려가야 했지만, 그의 충성됨 때문에 국무총리가 되었습니다(단6:4). 바울도 그의 충성됨 때문에 하나님께 부름받아 복음을 전하는 선택된 하나님의 일꾼이 되었습니다(딤전1:12).

사랑하는 교사들이여, 하나님은 충성된 사람을 찾으십니다. 그리고 그들을 선택하셔서 하나님의 위대한 일들을 맡기시기 원하십니다. 충성된 하나님의 사람이 되기 바랍니다. 충성된 교사가 되기 바랍니다.

2. 어떻게 충성할까?

1) 작은 일에 충성 합시다

[작은 일]이란 무엇을 말합니까? 작은 일이란 '하찮은 일', '아무나 할 수 있는 일', '일해야 표도 안 나는 일', '날마다 실천할 수 있는 일', '일해야 알아주지도 않는 일' 등을 말합니다.

주일학교에서 어린이를 가르치는 일은 대수롭지 않게 여기는 작은 일중의 하나입니다. 목회자들 가운데서도 어린이 목회보다는 장년 목회에 목회의 촛점을 맞추는 분들이 대부분입니다. 교회 성도들도 주일학교에 대해 큰 관심을 갖지 않습니다. 교사로 자원하여 주일학교에 봉사하려는 사람도 많지 않습니다.

그러나 분명한 것이 있습니다. 대수롭지않게 여기는 주일학교, 교회의 여러 기관 중에서 작은 기관으로 여기고 관심밖에 두고 투자도 별로하지 않는 주일학교의 부흥과 발전이 미래 우리 교회들의 부흥과 발전을 좌우한다는 사실입니다.

주일학교 교사가 되어 주의 일 하는 것이 작아 보입니까? 하잘 것 없어 보입니까? 별볼일 없어 보입니까? 그래도 작은일에 충성 하십시오. 주님의 관심은 작고 보잘 것 없는 일, 하찮은 일에 있습니다. 주님 앞에 섰을때에 칭찬과 상급을 받기 원하십니까? 작은 일에 충성 하십시오. 거기 상급이 있고 면류관이 있습니다.

2) 맡은 일에 즉시 충성 합시다

좋은 일을 맡은 즉시 그 맡은 일에 충성해야 합니다(마25:16).

맡은 일을 뒤로 미뤄놓고 게으름을 피우는 것은 옳은 행동이 아닙니다.

어느날, 마귀들이 회의를 하기 시작 했습니다.

젊은 마귀가 앞으로 나서서 "마귀 동지 여러분, 교회를 찾아가 충성된 성도들을 보게되면 죽여 버립시다. 아니면 욥처럼 환란의 바람을 퍼부어 댑시다. 그래서 하나님의 일을 못하게 합시다." 하고 외치자, 마귀들은 "죽이자" "핍박하고 괴롭히자" 하고 환호했습니다. 그러자 늙은 마귀가 나서서 "조용~! 너희들은 지금 뭔가를 착각하고 있어. 성도를 죽이면 순교야. 그리고 순교자가 되면 최고의 상급을 받게되지. 우리가 성도를 도와 면류관 받게 할 수 있나? 어림없지. 망하게 만들어야 마귀의 일인데, 복받게 할 수는 없잖아. 환란의 바람을 불어넣어 핍박하자구? 아니야, 그것도 안돼. 기독교 역사를 보라구, 기독교가 부흥한 것은 핍박을 받을때야. 그들은 핍박을 받게되면 기도한다구. 그리고 기도하면 성령충만하게 되구, 그래도 죽일텐가? 그래도 핍박할텐가?"

하고 젊은 마귀의 어리석음 꾸짖었습니다.

늙은 마귀의 말이 옳다고 생각한 젊은 마귀가 "그렇다면 어떻게 해야 합니까?" 하고 그 방법을 물으니 늙은 마귀는 "흐흐흐, 간단하지. 차차하라고 속삭이는 거야. 충성하거라. 그러나 오늘은 놀고 내일 충성해. 아직도 시간은 많거든, 차차해도 얼마든지 할 수 있어~, 하고 사명자들의 귓가에 속삭여 주는거야. 그 다음 날도, 또 그 다음 날도 말이야."

그렇습니다. 일맡는 일꾼은 즉시 충성해야 합니다(마25:16). 사명의 열정이 식어지기 전에, 일을 할 수 있는 여건이 사라지기 전에, 일하고자 하는 충성된 마음이 있을 때에 즉시 맡은 일에 충성해야 합니다.

일할 수 없는 밤이되면 일을 하고 싶어도 할수 없음을 알아야 합니다.

3) 선한 동기로 충성해야 합니다.

[착하고 충성된 종아…] (마 25:21)

우리가 주의 일은 반드시 선한 동기로 해야 합니다. 시기심이나 명예심 때문에, 아니면 나의 욕심을 채우기 위해서 하는 것은 주께서 기뻐하지 않습니다.

우리 주위엔 [선교회], [선교회] 등등 많은 선교단체들이 있습니다. 그런데 그중에는 순전히 돈벌기 위해서 사업상 붙여진 선교회 간판이 더러 있습니다.

주께서 주신 선교적 사명이 동기가 아니고, 사람들의 시선을 끌어 돈을 벌기 위한 수단으로 붙여놓은 이름일뿐이라면 결코 그 일은 주의 일이 될 수는 없습니다.

주님을 위해 하는 일은 동기가 선해야 합니다. 과정도 선해야 합니다. 그리고 결과도 선해야 합니다. 왜냐하면 선하신 주님의 일이기 때문입니다.

따라서 주일학교 교사는 착한 마음에서 시작하여 착한 마음으로 충성해야 합니다. 주님을 사랑하는 순수한 열정이 어린이를 가르치는 열정으로 나타나야 합니다. 주님을 사랑하는 그 사랑의 마음이 어린이를 사랑하는 마음되어 어린이에게 다가가야 합니다.

주님은 착하고 충성된 종을 칭찬하시고 상주십니다.

4) 죽도록 충성 합시다(계2:10)

많은 교사들이 [죽도록 충성] 이란 말에 부담을 갖습니다.

"나는 그런 순교의 신앙이 없는데…" 하는 마음 때문 입니다. 그러나 [죽도록 충성]이란 말은 순교만을 말하는 것은 아닙니다. [죽도록 충성]의 다른 말은 '죽을때 까지' 입니다.

[죽을때 까지], 이 말은 '교직은 천직' 이란 말처럼 '주일학교 교사는 하나님이 맡겨주신 가장 소중한 사명' 임을 자각하고 이 세상 사는 날 동안 충성하는 것을 말합니다.

사랑하는 교사 여러분, 주일학교 교사는 심심해서 잠깐 해보다 그만 두는 직분이 아닙니다. 젊었을때 몇 년 해보고 그만두는 직분이 아닙니다. 힘든다고 내 팽개치는 직분도 아닙니다. 주께서 맡겨주신 일이고, 우리가 죽는날까지 계속해야할 사명입니다.

각 교회마다 어린이들을 가르치는 교사가 없어 어려움을 겪고 있습니다. 죽도록 충성하는 교사, 죽는 그날까지 충성하겠다는 교사들이 없어서 입니다.

사랑하는 교사 여러분, 바울 사도의 장엄한 생의 고백을 들어 봅시다.

"나의 달려갈 길과 주 예수께 받은 사명, 곧 하나님의 은혜의 복음 증거하는 일을 마치려 함에는 나의 생명을 조금도 귀한 것으로 여기지 아니 하노라" (행20:24)

사랑하는 교사 여러분, 여러분은 여러분의 인생을 어떻게 마치기 원하십니까? 주님 앞에 어떤 모습으로 서기 원하십니까? 바울 사도의 인생 고백이 여러분의 고백이 되시기를 축원 합니다.

결론

그 주인이 이르되 잘 하였도다 착하고 충성된 종아 네가 작은 일에 충성하였으매 내가 많은 것으로 네게 맡기리니 네 주인의 즐거움에 참예할지어다 (마25:21)

하나님의 일을 위해 충성하는 일꾼이 되십시다.

어린이는 우리 가정과 교회의 꿈나무입니다. 어린이를 잘 가르쳐 우리 가정과 교회의 좋은 일꾼을 많이 길러 내기만 하면 우리

가정엔 하나님의 축복이 넘치게 되고, 우리 교회는 부흥할 것입니다.

충성된 교사가 되십시다. 작은일부터 충성 합시다. 맡은 일에 최선을 다합시다. 죽기까지 충성 합시다. 그것이 우리 주님의 뜻입니다. 그것이 우리가 복되게 사는 비결입니다. 할렐루야.

교사들에게는 무엇보다도 진리의 영이 함께 해야만 합니다.

동역자와 함께하는 사역

내가 아버지께 구하겠으니 그가 또 다른 보혜사를 너희에게 주사 영원토록 너희와 함께 있게 하시리니 저는 진리의 영이라 세상은 능히 저를 받지 못하나니 이는 저를 보지도 못하고 알지도 못함이라 그러나 너희는 저를 아나니 저는 너희와 함께 거하심이요 또 너희 속에 계시겠음이라 내가 너희를 고아와 같이 버려 두지 아니하고 너희에게로 오리라 조금 있으면 세상은 다시 나를 보지못할 터이로되 너희는 나를 보리니 이는 내가 살았고 너희도 살겠음이라 (요14:16-19)

「동역자」란 같은 일에 함께 종사하는 사람을 말합니다.

우리는 혼자서는 살 수 없는 연약한 인간 입니다.

어려서는 부모님의 그늘아래 살아가지만, 장성하여서는 인생의 동반자인 짝을 만나 가정을 이루고, 사회생활을 시작 하면서 주어진 삶 속에서 많은 동역자들을 만나 함께 일하게 됩니다.

따라서 우리 삶의 현장에서 동반자, 내지 동역자를 만나는 일은 대단히 중요 합니다. 그것은 동역자를 잘못 만나 인생을 실패하는 이도 많고, 동역자를 잘 만나 인생을 성공하는 이들도 있기 때문 입니다.

주일학교에서 어린이를 가르치는 교사들에게도 동역자가 필요 합니다. 혼자서는 감당할 수 없는 많은 어려움이 찾아 오기도 하고, 혼자서는 해결할 수 없는 문제를 만나기도 할때, 동역자가 있으면 넉넉히 극복할 수 있기 때문 입니다.

오늘 우리에게 주시는 말씀 가운데는 주께서 우리가 교사로서의 사역을 잘 감당할 수 있도록 하기위해 우리에게 동역자를 보내주시겠다고 말씀 하십니다. 그분은 바로 보혜사(保惠師) 성령이십니다. 보혜사(Parakletos)란 「어린이를 항상 옆에서 보호하고 도와주는 것 같이 나를 늘 보호하고 도와주는 이」, 또는 「변호사」란 뜻 입니다.

사랑하는 교사 여러분, 우리가 교사로서의 사역을 감당할 때 우리 곁에 오셔서 우리를 돕는 좋은 동역자가 계십니다. 바로 보혜사 성령이십니다.

1. 보혜사 성령은 우리를 진리의 영으로 도우십니다.

우리는 지금 학교 교육이 날로 피폐해져가 공 교육이 무너져 내리는 시대에 살고 있습니다. 교사의 권위는 땅에 떨어졌고, 학교는 불신의 대상이되어 가고 있습니다.

첨단과학과 정보통신 사회가 만들어 놓은 불행입니다. 세상 지혜는 하루가 다르게 변하고 발전 하는데 어린이를 가르치는 교사들은 홍수처럼 쏟아지는 그 수많은 정보들을 소화하 내지 못해 첨단과학의 주역이된 아이들의 다양한 욕구를 채워주지 못해 어린이들 눈에는 무능하고 부족하게 보이기 때문 입니다.

사랑하는 교사 여러분, 보혜사 성령은 진리의 영이십니다. 진리의 영이신 보혜사께서는 우리 심령에 함께 거하심으로 우리가 진리를 바로 알 수 있도록, 그리고 진리를 바로 가르치는 교사가 될 수 있도록 우리를 도와 주십니다(요14:17).

주일학교 교사는 세상 지식을 전하는 사람이 아니고 진리를 가르치고 증거하는 사람입니다. 따라서 진리의 영이신 성령께서 함께 하셔서 진리를 깨닫게 하시고, 진리를 공급해 주셔야 합니다. 그런데도 가르치는 교사들의 심령속에 진리가 없다면, 그래서 진리되신 주님을 영접하지 못했거나 진리를 믿지 않는다면, 그는 진리를 가르치기는 커녕 하나님의 심판을 받을 수 밖에 없습니다(살후2:12).

주일학교 교사의 권위는 땅에 떨어지고 주일학교는 불신의 대상이 되어버린 학교와 다를바 없어 결코 부흥을 기대할 수 없는 처지로 전락하고 말것입니다. 그러므로 우리 주일학교 교사들이 진리를 아는 일은 중요합니다. 진리가 없으면 어둠속에 살 수 밖에 없고(요일1:6), 진리가 없으면 구원함을 받을 수 없고(살후2:10), 어린이들을 가르칠 수도 없기 때문 입니다.

그러므로 교사들에게는 무엇보다도 진리의 영이 함께 해야만 합니다. 그래야만 진리되신 주님을 온전히 믿을 수 있고, 하나님의 뜻을 실행할 수 있으며(요3:21), 진리가 내 안에 있어야 내가 가르치는 어린 생명들을 사랑할 수 있고(고후11:10-11), 복음위에 견고히 서서 어린 생명 하나 하나가 마귀의 올무에 걸리지 않도록 돌보아(딤후2:25-26), 구원의 길로 인도할 수가 있습니다(살후 2:13).

사랑하는 교사 여러분, 주님은 우리에게 가장 귀한 동역자 보혜사 성령님을 우리 심령에 보내 주셨습니다. 그러므로 보혜사 성령으로 충만한 교사는 어린이들에게 진리를 바로 전할 수 있는 복있는 교사들입니다.

우리 모두는 보혜사 성령께서 우리 마음속에 늘 충만하시기를 기도하고, 보혜사 성령께서 우리의 사역의 중심에서 언제나 일하실 수 있도록 우리 심령을 늘 새롭게 하십시다.

2. 보혜사 성령은 우리와 함께 계십니다

보혜사 성령은 우리와 언제나 함께 하십니다. 우리를 결단코 고아와같이 버려두지 않습니다(요14:18).

어린이를 가르치다보면 자신도 모르게 슬럼프에 빠질때가 있습니다. 가르치는 일에 자신을 잃을 때도 있습니다. 나름대로 열정을 쏟아가며 잘 가르쳐 보려고 애를 썼는데 받아 드리는 어린이들이 관심을 보이기는커녕 엉뚱한 반응을 보이고, 점점 교회와 멀어져 주일날 교회에도 나오지 않고, 잘못된 길로 가고 있는 것을 보는 순간 교사로서 가르치는 일에 회의를 느끼고 자신감을 잃거나, 배신감을 느껴 교사를 그만 두고싶은 마음이 생길때가 많습니다.

우리는 정보통신과 멀티미디어가 중심되는 첨단과학시대에 살고 있습니다. 이제는 집집마다 T.V에 인터넷 전산망이 깔려있어 지구촌 시대를 열어 놓았고, 그 지구촌 시대의 중심에 우리가 가르치는 어린이들이 있습니다.

매일같이 각종 정보통신기기들을 통하여 오고가는 신지식들, 주고받는 정보들 속에 우리 아이들이 살아가고 있습니다. 그런데 우리 교사들, 특별히 오랫동안 아이들을 가르친 연륜이 있는 교사들일 수록 컴맹도 있고, 인터넷이나 기타 정보를 이용할줄 몰라 가르치는 어린이들과 세대차이를 느끼다보니, 가르치는 일이 전과 같지가 않고 자신감이 없어집니다. 심지어는 아이들과 말이 통하지 않습니다. 그러다보니 때로는 아이들이 선생님을 왕따 시켜버립니다.

이런 상황속에서 선생님들은 자신도 모르게 무력감에 휩싸여, 자신은 무능하여 이제는 도저히 어린이를 가르칠 수 없다고 자포자기하며 교사로서의 사역을 그만두려 합니다.

그러나 사랑하는 교사 여러분, 우리가 전하고 가르치는 것은 십자가의 도이지 세상 지식은 아닙니다(고전1:18).

우리 하나님은 세상의 미련한 것들을 택하여 지혜있는 자들을 부끄럽게 하신다고 하셨습니다(고전1:25).

바울 사도가 '내 말과 전도함이 지혜의 권하는 말로 하지 아니하고 다만 성령의 능력의 나타남과 능력으로 하여 너희 믿음이 사람의 지혜에 있지 아니하고 다만 하나님의 능력에 있게 하려 하였노라'(고전2:4-5)고 고백 한 것 같이, 교사들 또한 '우리의 가르침이 우리가 가진 세상의 지식이나 지혜가 아닌 성령의 능력을 통하였노라'고 고백할 수 있어야 합니다.

　보혜사 성령께서는 시공을 초월하여 우리와 함께 하십니다. 그리고 우리가 하나님의 말씀을 가르칠 때에 그 가운데 능력으로 역사 하십니다. 그래서 가르침 받는 어린이들의 병든 심령을 소생케 하십니다. 예수 그리스도를 영접케 하십니다.
　구원받은 하나님의 자녀가 되어 하나님을 아바 아버지라 부르게 하십니다. 하늘나라의 소망을 갖게하여 영원한 천국을 바라보게 하십니다.

　사랑하는 교사 여러분, 여러분 자신이 부족함을 느끼십니까? 첨단과학 시대에 변화무쌍한 세상을 따라집지 못해 가르치는 어린이들에게 조차 왕따당하고 계십니까? 그러나 우리가 가르치는 것은 어제나 오늘이나 영원토록 변함없는 진리되신 하나님의 말씀입니다. 그리고 그 말씀은 보혜사 성령의 도우심과 능력을 통해 가르칠 수 있는 말씀입니다.
　이제 보혜사 성령님을 의지 하십시오. 그분이 도와 주십니다. 그분의 능력으로 어린이들을 변화시키십니다. 우리는 다만 그분의 도구로 쓰일뿐 입니다.

3. 보혜사 성령은 우리를 주님의 영광에 참여케 합니다.

'조금 있으면 세상은 다시 나를 보지못할 터이로되 너희는 나를 보리니 이는 내가 살았고 너희도 살겠음이라' (요14:19)

주께서 십자가에 달리시기 전 사랑하는 제자들에게 '조금 있으면 세상은 다시 나를 보지못할 터' 라고 말씀하시므로 십자가의 죽음을 예고하시면서 이어서 '너희는 나를 보리니 이는 내가 살았고 너희도 살겠음이라' 시며 주께서 부활하시겠고, 복음의 일꾼으로 택정함을 입은 제자들도 마침내 부활하신 주님의 영광에 동참할 것을 말씀 하셨습니다.

사랑하는 열두 제자들, 그들은 주님의 제자가 되어 복음 사역에 쓰여지는 일꾼이 되었기에 주님과 함께 부활 영생할 수 있는 특권을 부여 받았고, 주님의 영광에 동참할 수 있는 축복을 받았습니다.

사랑하는 교사 여러분, 여러분도 주님의 제자로 부름받아 주님의 복음을 전하는 일꾼이 되었습니다.

이제 여러분도 주님의 영광에 동참할 수 있는 특권을 갖게 되었습니다. 얼마나 놀라운 일입니까? 얼마나 감사한 일입니까? 얼마나 복된 일입니까?

우리가 능력이 있어서, 우리가 유능해서, 우리가 어린이를 잘 가르쳐서 주님의 영광에 동참하게 된 것이 아닙니다. 순전히 우리의 동역자로 오셔서 우리를 도우시고 인도하시며 능력으로 함께하시는 보혜사 성령님 까닭에 우리가 주님의 영광에 동참할 수 있게 된 것입니다.

보혜사 성령께서는 우리를 씩지 않는 주님의 생명, 풍성한 주님의 생명으로 인도하시고, 보혜사 성령께서는 우리의 마음눈을 열어 진리를 깨달아 알게 하시며, 보혜사 성령께서는 우리의 가르침 속에 동참하셔서 어린이들의 마음을 열게 하시고, 어린이들의 마음을 뜨겁게 하시고, 어린이들의 마음속에 믿음을 주셔서 주님을 영접케 하시고, 어린이들을 새롭게 변화시켜 하나님의 자녀로 하늘의 소망을 갖게 하십니다.

결론

하나님은 우리를 불러 교사가 되게 하셨습니다. 그리고 우리가 이 사역을 잘 감당할 수 있도록 우리에게 좋은 동역자되시는 보혜사 성령을 보내 주셨습니다.

그리고 우리가 이 놀라운 사실을 깨닫고 우리 가운데 보혜사 성령께서 충만하게 임재하셔서 우리를 인도하시고, 진리로 새롭게 하셔서 진리를 바로 깨달아 잘 가르칠 수 있는 교사가 되게 해 달라고 기도할때에 우리 가운데 성령 충만함을 주십니다. 그때부터 우리의 가르침 속에 친히 임재하셔서 능력있게 하시고, 감동과 감화로 함께 하셔서 은혜받게 하십니다.

사랑하는 교사 여러분, 가르치는 것이 힘겹다고 생각 하십니까? 걱정하지 마십시오. 우리의 동역자되신 성령께서 함께 하십니다. 가르치는 일에 지쳐 있습니까? 이제 동역자 되신 성령께 도우심을 구하십시오.

 여러분의 가르침 속에 성령의 능력이 나타나 여러분의 가르침이 권위가 있게 하실 것입니다.

 사랑하는 교사 여러분, 동역자되신 성령님의 인도하심을 순종하십시오. 그분께서 가르침 속에 능력으로 역사하실 수 있도록 그분의 임재를 기도하십시오. 그때부터 여려분의 가르치는 현장에 놀라운 능력이 나타날 것입니다. 할렐루야~!

장태원 목사

- 예수님의 교사상
- 좋은 교사
- 본을 보이는 교사
- 배우고 확신하는 교사
- 미래를 보는 교사

봉사의 본을 보이는 교사가 되어야 합니다.

예수님의 교사상

본문 : 요 9 : 1 - 11

〈도입〉

1. 시각장애인(장님)들이 돈(지전)을 어떻게 구분하시는지 아십니까?

1,000원짜리는 왼쪽 아래에 ●표가 1개 있으며, 5,000원짜리는 같은 위치에 ●표가 2개, 10,000원짜리는 ●표가 3개가 표시되어 있습니다. 그들은 손가락으로 그 부분을 만져봐서 얼마짜리인지 압니다.

그런데 우리는 만져도 못 느낍니다. 왜 그럴까요? 손가락이 무디어져 있어서 그렇습 니다.

즉, 우리는 말씀에 무디어져 있고, 재물이나 권력, 명예 등 세상 욕심에 무디어져 있는 영적 장님이라는 것입니다.

2. 그래서 오늘은 참 교사이신 예수님의 교사상, 예수님의 방

법을 통해서 영의 눈을 뜨게 하는 교사가 되고자 합니다.

〈전개〉

1. 요 9:1~34 내용 설명

예수님과 제자들이 길을 가시다가 태어나면서 소경된 사람을 봅니다. 제자들이 묻습니다.

"랍비여, 이 사람이 소경으로 난 것이 누구의 죄 입니까? 자신의 죄입니까, 아니면 부모의 죄 때문입니까?"

그러나 예수님은,

"이 사람의 죄나 부모의 죄가 아니라, 하나님의 하시는 일을 나타내시려고 그렇게 되었다."고 대답하십니다.

그리고는 땅에 침을 뱉아 진흙을 이겨 그의 눈에 바르시고, "실로암 못에 가서 씻어라!"라고 하십니다.

그는 예수님께서 시키시는 대로 했고, 그는 눈을 떴습니다.

예수님의 치유 방법은 여러 가지가 있습니다.

어떤 때는 손을 대시고(마20:34), 바디매오는 말씀으로(막10:52), 왕의 신하의 아들(종)은 먼 곳에서 말씀으로(요4:50), 본문에서는 침을 진흙에 개어 발라서 치료를 하셨습니다.

사람들이 묻습니다.

"네 눈이 어떻게 떠졌느냐?"

"예수라 하는 그 사람이 진흙을 이겨 내 눈에 바르고 나더러 '실로암 에 가서 씻으라' 하기에 가서 씻었더니 보게 되었노라."라고 대답합니다.

바리새인들이 다시 물어봅니다.

그러나 그는 같은 대답을 하게되고, 17절엔 눈뜬 그가 예수님을 선지자라고 표현합니다.

유대인들이 믿지 아니하고 이번에는 그의 부모에게 묻습니다.

〈너의 아들이냐?〉

〈그가 진짜 소경으로 태어났느냐?〉

〈지금 어떻게 보게 되었느냐?〉

20절을 보면 처음 두 질문엔 부모가 대답을 하지만 마지막 질문, 〈지금 어떻게 보게 되었느냐?〉에 대한 답은 아들에게 미루어 버립니다.

25절을 보면, '한 가지 아는 것은…' 하고, 완전히 예수님 편에 서서 대답합니다.

잘못된 자백을 강요하는 그들을 K.O.로 제압해 버립니다.

27절에서는 오히려 그들을 비꼽니다.

"당신들도 그 제자가 되려고 하나이까?"

36절에서 38절을 보면, 그는 완전히 새로운 사람으로 바뀝니다. 그는 육의 눈만 뜬 것이 아니라 그의 영혼도 구원을 받습니다.

"내가 믿고자 하나이다."

"내가 믿나이다."

〈정리〉

우리 교사는 이처럼 우리에게 맡겨진 학생들의 영의 눈을 뜨게 해 주어야 합니다. 어떻게 해야 합니까? 예수님처럼 해야 합니다.

그러면 어떻게 하는 것이 예수님처럼 하는 것일까요?

첫째, 학생 한 명 한 명에게 관심을 가져야 합니다.
1절에서 5절을 보면 그가 예수님을 찾은 것이 아니라, 보잘 것 없이 보이는 자에게까지 예수님은 깊은 관심을 보이신 것입니다.

둘째, 섬김의 본을 보이는 교사가 되어야 합니다.
6절을 보면, 예수님께서 친히 진흙을 개어 발라 주셨습니다.
예수님은, '나는 못하지만 너희들이라도 잘해라!' 가 아닌, '나처럼 해봐라!' 하고 섬김의 본을 보이셨습니다.

셋째, 찾아가는 교사가 되어야 합니다.
35절을 보면, 예수님께서는 사람들이 그 사람을 쫓아냈다는 말을 듣고 그를 찾으셨습니다.
우리 교사들도 학생들이 여러 모양으로 어려움이 있을 때 그들을 찾아가 말씀으로 위로해 주며, 격려해 주어야 합니다.

넷째, 성령이 함께 하는 교사가 되어야 합니다.
본문 말씀에 직접적으로 표현하지는 않았지만, 보너스로 주님의 교사라면 당연히 성령이 함께 하는 교사여야 합니다.

아무쪼록, 늘 말씀보며, 기도 많이 하셔서 성령님이 함께 하시는 교사, 사랑받고 존경받는 교사, 예수님을 닮는 교사가 되시길 주님의 이름으로 축원합니다.

〈기도〉

많은 사람들 중에 특별히 저희들에게 교사의 직분을 감당케 하신 하나님 아버지!

이 시간 저희들 정성을 다하여 하나님께 헌신예배를 드립니다.

사랑하는 모든 교사들, 온전히 예수님만 바라보며, 예수님만 닮게 하옵소서.

학생 한 명 한 명에게 관심을 가지는 교사가 되게 하시며, 섬김의 본을 보이는 교사가 되게 하시며, 특히 어려울 때 찾아가는 교사가 되게 하옵소서. 뿐만 아니라 성령 충만한 교사 되게 하옵소서.

참 교사의 본을 보여 주신 우리 주 예수 그리스도의 이름으로 기도 드리옵나이다. 아멘.

지금까지 너무 교사들에게 무관심하지는 않았습니까?

좋은 교사

본문 : 마 18 : 1 - 6

〈도입〉

1. 다음은 "구원 찬송"에 나오는 찬송가사입니다.

1절 : 귀여운 꼬마 어느 날 아빠에게 말하길
　　　 "나의 죄를 씻기 위해 예수님 영접할까?"
　　　 "애야, 너는 아직 어려 클 때까지 기다려.
　　　 어른들만 필요하다 아이들은 괜찮아."

2절 : 폭풍 불 때 그 아빠가 꼬마에게 말하길
　　　 "양들 모두 우리 속에 안전하게 넣었지?"
　　　 "큰 양들만 모두 넣고 어린양은 보냈죠.
　　　 어린양은 괜찮대서 신경 쓰지 않았죠."

3절 : 여러분은 이런 잘못 저지르지 않나요?
지금 열린 어린 마음 굳어지면 늦어요.
그런 때가 오기 전에 '어린이를 내게로
데려오고 막지 말라.' 예수님 말씀했네.

2. 종종 대학입학 부정 사건이 매스컴에 보도되곤 합니다.

좀 더 좋은 대학에 입학시키려고 수단과 방법을 가리지 않습니다.
교회학교 교사들을 한 번 보십시오.
봉급도 받지 않고 학생들을 가르칩니다. 부정입학은 절대로 하지 않습니다. 학생 전원을 대학에 입학시킵니다. 하나님 나라 대학 말입니다. 그것도 모두 다 장학생으로 말입니다.
어떻습니까?
교회학교 교사들, 얼마나 고맙습니까? 돈 봉투는 못 드리더라도, 저녁 한 번쯤 대접해야 되지 않습니까?

〈전개〉

1. 먼저 전 교인들에게 당부합니다.

자라는 나무는 어릴 때 잡아 주어야합니다.
사도 요한의 제자 폴리카르푸스는 9살에, 매튜헨리는 11살에,

그 외에도 많은 사람들이 어릴 때 구원의 확신을 가졌답니다.

많은 사람들이 '어릴 때 친구 따라 교회에 가 봤다.'고 말합니다. 사실 어릴 때 친구 따라 교회 한 두 번 안 가본 사람이 어디 있겠습니까? 이 때 복음의 씨앗이 그 마음 밭에 심겨져야 하는 것입니다.

우리 교회를 한 번 보십시오. 주변의 교회들도 한 번 둘러보십시오. 현재 모든 교회에서 어린이들의 수가 줄어들고 있습니다.

왜 그렇습니까?

산아 제한으로 어린이들의 수가 줄어서 그렇다고요?

아닙니다. 아직도 우리 주변에는 예수님을 믿는 어린이들보다는 믿지 않는 어린이들이 더 많습니다.

물론 요즈음 목사님들이 성령 충만해서, 어른들이 열심히 전도해서 교회가 부흥되었겠지만, 더 중요한 이유는 지금 어른들이 어렸을 때, 선교사님들과 믿음의 선조들에 의해, 그 마음 밭에 복음의 씨앗이 뿌려졌기 때문이라는 것입니다.

우리 교회가 부흥하려면, 전 교인들이 합심해서 교사들을 도와야 합니다.

첫째, 기도로 도우십시오.

기도하실 때마다 교사들을 위해 기도하십시오. 우리 아들 딸들의 미래가, 우리 손자 손녀들의 미래가, 더 나아가 우리 교회의 미래가 교사들의 손에 달려 있기 때문입니다.

둘째, 물질로 도우십시오.

간혹 저녁 대접도 하시고, 종종 교사들에게 간식도 베풀어주십시오.

제일 일찍 교회에 와서 제일 늦게까지 교회에 남아서 봉사하시는 분들이 교사입니다.

뿐만 아니라 아이들에게 시달리며, 빈 호주머니의 있는 돈 없는 돈 다 털어서 기쁨으로 아이들에게 떡볶이 사주는 분이 교사입니다. 자기 자녀에게는 사 줄 형편이 못되어 사 주지도 못하면서도, 한 푼 두 푼 열심히 절약해서 모아서 기쁨으로 교회학교 학생들에게 간식거리 사주는 교사들을 알고 계십니까?

지금까지 너무 교사들에게 무관심하지는 않았습니까?

'고등학교를 졸업하면 당연히 교사해야지' 하고 너무도 쉽게 단순히 생각하지는 않았습니까?

셋째, 예산 편성할 때 좀 넉넉히 주십시오.

교회학교 교사들은 예산이 남으면 반납하지, 절대로 함부로 쓰지 않습니다. 간이 작아서 함부로 쓰지 못하는 사람들이 교사들입니다.

학생들을 위해 좀 넉넉히 교육 계획을 할 수 있게 말입니다.

2. 교사들에게 당부합니다.

예수님의 12제자 중 가장 능력있는 교회학교 어린이의 교사는 누구이겠습니까?

잠시 요한복음 6장 1절에서 14절에 나오는 벳세다 들판으로 가 봅시다.

남자 어른만 오 천명이라고 했습니다. 어린이와 여자까지 합치면 몇 만 명이나 됩니다. 그런데 예수님께서는 빌립에게 그들을 먹이라고 하십니다. 빌립이 얼른 계산을 해 봅니다. 그리고 대답합니다. "조금씩만 먹게 한다고 하더라도 이백 데나리온은 있어야 합니다."

그 때, 안드레가 말도 안 되는 행동을 합니다.

"여기 한 어린이가 보리떡 다섯 개와 물고기 두 마리를 가지고 있습니다."

예수님은 모든 사람들을 앉게 하시고 기도를 하신 후 나눠주십니다. 놀라운 사실은 그들이 모두 배불리 먹고도 12광주리나 남았다는 것입니다.

자, 이제 한 번 두 가지를 생각해 봅시다.

한 가지는, 어린아이는 정직합니다. 또 한편으로는 순진합니다. 만약 안드레가 그 어린아이의 도시락을 달라고 했을 때 쉽게 내어 놓겠습니까? 자기도 배가 고픈데 절대로 주지 않습니다. 그리고 그 도시락은 좋은 도시락이 아니고 가난한 사람이 먹는 종류입니다. 따라서 내어놓고 싶어도 부끄러워서 못 내어놓을 도시락인 것입니다. 그런데 안드레는 그 도시락을 내어놓게 했거든요. 나쁘게 말하면 살살 달래서 뺏은 것입니다.

이는 안드레가 그 어린아이의 눈 높이로 내려갔다는 것입니다. 정말 멋진 교사가 아닙니까?

또 한가지는 안드레의 순수함입니다.

저 같으면 그 정도의 음식은 있어도 아무 말도 못했을 것입니다. 보리떡 다섯 개가 무슨 소용이 있겠습니까? 그러나 안드레는 순진하게 순수한 마음으로 비록 다섯 개밖에 안 되지만 가지고 왔습니다. 그래서 놀라운 기적이 일어났던 것입니다.

정말 순수한 마음과 믿음의 소유자라야 좋은 교사가 될 수 있는 것입니다.

그러려면,

첫째, 하나님께서 원하시는 교사가 되어야 합니다.

어떤 교사를 하나님께서 원하실까요?

하나님은 기도 많이 하는 교사를 원하십니다.

기도는 우리 영혼의 호흡이기 때문입니다. 기도하지 않는 교사는 영혼이 죽은 교사이기 때문입니다. 따라서 교사는 기도의 본이 되어야 합니다. 특히 학생들 앞에서는 꿇어앉아 두 손을 모으고 기도를 하십시오. 학생들이 보고 배우기 때문입니다.

하나님은 말씀을 많이 읽는 교사를 원하십니다.

말씀은 영의 양식입니다. 영이 양식을 먹지 않으면 영양실조에 걸립니다. 영양실조에 걸린 영은 아무런 힘도 없을뿐더러 곧 죽게 됩니다. 최소한 일년에 일 독은 하십시오.

둘째, 교회가 원하는 교사가 되어야 합니다.

유능한 교사보다는 성실한 교사를 원합니다.
결석 지각이 없는 교사를 교회는 원합니다.

셋째, 학생들이 원하는 교사가 되십시오.

제가 실시한 설문 조사에 의하면, 학생들은 부지런한 교사, 솔직한 교사, 단정한 교사, 이름을 불러주는 교사, 활동적인 교사를 원한다고 했습니다.

넷째, 즐거운 교사가 되십시오.

제일 중요한 부분입니다.
주일 새벽부터 하루종일 예배드리며, 봉사하고, 학생들에게 시달린 후, 피곤한 몸을 이끌고 저녁에 집에 돌아와서는 '참 즐거운 하루였다.' 라는 고백이 나와야 합니다.

금요일만 되어도 가슴이 두근거리고, 내 반 학생들의 모습이 눈에 선하며, 다른 선생님들이 보고 싶어져야 한다는 것입니다.
안 된다고요? 그럼 교사직을 다시 한 번 생각해 보십시오.
전 낚시를 좋아합니다.
시간이 안 되므로 간혹 밤에 밤낚시를 즐깁니다. 거의 밤새도록 잠도 못 자고 낚시를 합니다. 이튿날 아침에 돌아오면 오전은 내내 쉬어야 합니다. 힘이 무척 듭니다. 특히 돌아올 때는 사고가 나지 않게 정신을 바짝 차리고 무척 조심을 하며 운전을 합니다. 정

말이지 힘이 듭니다.

 그러나 "이젠 다시는 밤낚시 안 간다!"라고는 절대로 말하지 않습니다. 또 기회가 되면 갈 궁리를 합니다. 왜냐하면 힘이 들어도 내가 좋으니까 합니다.

 주일 날 하루종일 힘이 들어도 내가 좋으면 교사합니다.

 싫으면 못합니다. 밤낚시 싫어하는 사람에게 억지로 밤낚시 시켜보세요. 다른 사람 방해만 할 것입니다. 잠이 모자라 피곤한데 억지로 운전을 시키고 돌아온다면 자칫 잘못하면 사고나기 십상입니다.

 교사는 내가 좋아야 합니다.

 주일 저녁에 '참 즐거운 하루였다.' 라는 고백이 나와야 하는 것입니다.

〈정리〉

이제 정리합니다.

먼저 전 교인들께 당부합니다.

첫째, 기도로 도우십시오.

둘째, 물질로 도우십시오.

셋째, 예산 편성할 때 좀 넉넉히 주십시오.

이번엔 교사들에게 당부합니다.

첫째, 하나님께서 원하시는 교사가 되어야 합니다.

둘째, 교회가 원하는 교사가 되어야 합니다.
셋째, 학생들이 원하는 교사가 되십시오.
넷째, 즐거운 교사가 되십시오.

많이 안다고 되는 것이 아닙니다.
실천하셔야 합니다.
꼭 실천하셔서 하나님께서 원하시는, 교회가 꼭 필요로 하는, 존경받는 교사, 사랑받는 교사, 좋은 교사가 되시길 주님의 이름으로 기원합니다.

〈기도〉
참 좋으신 사랑의 하나님 아버지시여!
아버지의 은혜를 생각할 때 진실로 감사하고 감사 드리옵나이다.
사랑하는 우리 교사들, 하나님께서 많이 사랑해 주시고, 하나님께서 꼭 필요로 하는 하나님의 동역자가 되게 하여 주시옵소서.
어떤 어려움이 있더라도 피할 것이 아니라, 하나님께서 주신 지혜와 믿음으로 극복하게 하시고, 문제가 한가지씩 극복될 때마다 저희들의 믿음이, 저희들의 신앙이 성장케 하여 주시옵소서.
우리 주 예수 그리스도 이름으로 기도 드리옵나이다. 아멘.

나는 청지기 삶을 위한 열정이 있는가?

본을 보이는 교사

본문 : 행 2 : 42

〈도입〉

1. 윗물이 맑아야

영국과 포클랜드가 전쟁을 할 때였습니다.
 영국 BBC방송의 뉴스 시간에 두 가지 감명 깊은 내용이 방송되었습니다.

첫째는, 엘리자베스 영국 여왕의 둘째 아들인 앤드류가 공군 조종사로 전쟁터로 출발하는 장면이었고,

둘째는, 당시 영국 수상인 대처수상의 아들이 육군 사병으로 배를 타고 출발할 때, 대처수상이 어머니로서 자랑스럽게 손수건을 흔들며 아들을 환송하는 장면이었습니다.

2. 위대한 지도자 나폴레옹의 일화

한 번은 그가 열대지방으로 원정을 갔습니다. 사막의 더위에 숨도 제대로 쉴 수가 없었습니다. 환자들이 속출하고, 사기도 말할 수 없이 떨어졌습니다. 이 때 나폴레옹이 명령을 내립니다.

"모두 말에서 내려라. 지금부터는 환자만 말에 태우고 나머지는 모두 걷는다."

부관이 와서 묻습니다.

"장군님의 말은 어떻게 할까요?"

"내 말뜻을 잘 못 알아 듣는군. 나도 대열의 맨 앞에서 걷겠네."

그 소리에 병사들은 다시 한번 사기를 얻었답니다.

〈전개〉

독재자와 지도자의 차이를 아십니까?

독재자는 위압으로 누릅니다. 자신은 손가락 하나 까딱하지 않으면서 아랫사람을 부립니다.

그러나 지도자는 다릅니다. 자신이 모범을 보입니다.

예수님처럼 손수 제자들의 발을 씻기십니다. 그리고 요한복음 13장 14절과 15절에서 말씀하십니다.

"내가 주와 또는 선생이 되어 너희 발을 씻겼으니 너희도 서로 발을 씻기는 것이 옳으니라. 내가 너희에게 행한 것같이 너희도 행하게 하려 본을 보였노라."

이제 우리 교사들은 교회의 모든 기본 생활에서 본을 보여야 합니다.

첫째, 주일을 거룩하게 지켜야 합니다.

비행기를 발명한 라이트 형제 중에, 형인 윌버 라이트가 유럽에 왔을 때입니다. 많은 사람들이 비행기를 구경하려고 몰려들었습니다.

그 때, 스페인의 황제도 그 비행기가 무척이나 보고 싶었습니다. 그래서 다음 주일에 보기를 청했습니다. 이는 바로 명령입니다.

그러나 목사의 아들인 그는 주일에 비행하는 것을 보여주기를 거절했습니다.

"주일 이외의 다른 날을 택해서 어전에서 비행하는 것을 보여드릴 수 있다면 더 없는 영광으로 생각하겠습니다."라고 했답니다.

주일은 창조의 기념일이요, 예수님의 부활을 기념하는 성일로 하나님께 예배드리고, 주님의 이름으로 선한 일을 하는 날입니다.

이는 출애굽기 20장 9절과 10절에 나오는 하나님의 명령입니다. 그러므로 우리는 주님의 말씀대로 엿새 동안 힘써 일하고 주일은 거룩히 지켜야 합니다.

또한 주일에는 지나친 일체의 오락이나 상행위, 여행, 이사 등 개인적이며 육체적인 쾌락을 추구하는 행동은 피해야 합니다.

예를 들면, 가까운 친척이 주일날 환갑잔치나 결혼을 하게 되면, 하루 전날 미리 찾아가 뵙고 인사를 드리고 주일날에는 가지 말라는 것입니다. 예수쟁이 티를 확실하게 팍팍 내라는 것입니다.

그러면 그 분들이 처음에는 서운해 하실런지 모르나 나중엔 결국, "그래, 예수를 믿으려면 누구누구처럼 확실하게 믿어야지."하고 인정을 하게 됩니다.

둘째, 정성을 다하여 예배를 드려야 합니다.

〈이것이 인생이다〉라는 T.V. 프로그램 중에 "무당의 길"이라는 내용에 다음과 같은 대화가 나옵니다.

"무당의 길이 얼마나 힘들고 외로운 줄 알아? 가족도 부모 형제도 다 버려야 돼!"

잡 귀신을 섬기는 데도 이와 같거늘, 우리는 너무나 쉽게 그리고 안일하게 하나님께 예배를 드리지는 않는지요?

정성된 예배를 드리기 위해서는, 우선 복장을 단정히 하고, 성경, 찬송, 십일조, 감사예물 등을 준비하여, 적어도 예배 시간 10분쯤 전에 도착하여 경건한 마음으로 기도드리며 예배를 준비하여야 합니다.

예배 후, 성전을 나올 때엔 앞으로 하나님의 말씀대로 살 것을 마음속으로 다짐하면서 나오는 것입니다.

교사들의 정성된 예배를 본 학생들만이, 예배를 정성껏 드리게 되기 때문입니다.

셋째, 매일 성경을 읽어야 합니다.

지금까지의 모든 책 중에서 가장 많이 팔린 책은 누가 뭐라고 해도 〈성경책〉입니다. 많은 목사님들과 기독교인들이 성경이야말로 영원한 베스트셀러(bestseller)라고 합니다. 사실임에 틀림없습니다.

그러나 우리는 중요한 한가지를 명심해야 합니다.

가장 읽혀지지 않는 책이 또한 성경책임을!

이제 우리는 성경이 가장 많이 팔린 책이라고 자랑하지 말고, 가장 많이 읽히는 책이라고 자랑할 수 있게 해야합니다.

성경은 하나님의 말씀이요, 영혼의 양식입니다. 학생들에게 가르쳐야 할 내용입니다. 교사가 성경을 모르면 학생들에게 뭘 가르치겠습니까?

매일 성경 읽는 교사가 됩시다.

넷째, 기도생활에 힘써야 합니다.

"이제 눈을 뜨시오."라는 말의 전세계(全世界) 공통어가 무엇인지 아십니까?

정답은 〈아멘〉입니다.

어느 대주교가 늘 하던 대로 저녁 기도를 드리고 있었습니다.

"전지 전능하신 주님………… "

바로 그때, 하늘에서 소리가 들렸습니다.

"그래, 말해 보아라. 내가 듣고 있느니라."

그 순간 대주교는 너무 놀라서 심장마비를 일으켰답니다.(웰즈의 '대주교의 죽음'에서)

기도는 그저 습관적으로 내뱉는 독백이 아니라 하나님과의 대화입니다.

기도는 호흡과 같기 때문에 항상 힘쓰며 지속되어야 합니다.

다섯째, 찬송 생활에 힘써야 합니다.

1866년 런던호가 바다 한 가운데서 좌초되었을 때의 일입니다.

구조 될 가망은 전혀 없고, 배는 점점 가라앉기 시작했다고 합니다. 이 때, 누군가가 찬송을 부르기 시작했고, 모두 두 손을 들고 그 찬송을 불렀다고 합니다.

"만세 반석 열리니, 내가 들어갑니다…… 살아 생전 숨쉬고, 죽어 세상 떠나서, 거룩하신 주 앞에, 끝 날 심판 당할 때, 만세 반석 열리니, 내가 들어갑니다."

찬송은 노래를 통하여 하나님께 영광돌리는 제사행위요, 입술의 열매입니다. 그러므로 우리 교사들은, 아니 우리 모든 주님의 자녀들은 하나님의 은혜에 감격하여 날마다 찬송드리는 생활을 해야 합니다.

여섯째, 바치는 생활도 잘 하여야 합니다.

부자 청년이 애인을 기쁘게 하기 위해 값비싼 많은 선물들을 준비했습니다. 그의 애인은 선물꾸러미를 하나씩 풀기 시작했습니다.

"에이, 이건 유행이 지났잖아."
"미안해, 내가 유행에 민감하지 못해서………"
"이 구두는 굽이 너무 낮아서 신지 못 하겠는 걸."
"이 옷은 또 너무 노(老) 티가 나서……"
열 가지 중 한가지도 마음에 드는 것이 없어 보였습니다.
청년이 마지막 선물을 품니다.
"이건 진짜 마음에 들 거야. 큰 맘 먹고 샀지."
모든 여자들이 갖고 싶어하는 값비싼 악어 핸드백이었습니다.
그러나 여인은 또 트집입니다.
"핸드백의 배가 너무 불룩해서 틀렸어요."
그러자 청년은 선물꾸러미를 다시 집어넣기 시작합니다.

"기껏 푼 선물들을 뭐 하러 다시 집어넣어요?"
"바꿔버리려고!"
"이것들 모두 다요?"
"아니, 단 한가지만 바꾸면 돼! 내 애인을 말이야!"
우리 하나님이 바로 그 부자 청년이며, 우리는 감사할 줄 모르는 그 청년의 애인 같지 않습니까?
범사에 감사해서 하나님께 감사 헌금을 드려야 합니다.
또한 십일조는 하나님 명령입니다. 십일조를 내지 않는 사람은 하나님의 것을 도적질하는 것이라고 말라기 3장 9절에서 말씀하십니다.
그래서 저는 초등학생들에게도 철저히 십일조와 감사헌금을 교육합니다. 우리교회 아이들이 하나님께 복 받게 하려고 말입니다.

일곱째, 전도에 힘써야 합니다.

존 하퍼가 무디 교회에서 설교를 하기 위해 저 유명한 타이타닉호를 타게 되었습니다.
항해 도중 배는 파선이 되었고, 구명대는 승객의 절반밖에 되지 않았습니다.
존 하퍼도 구명대 없이 바다에 뛰어 들었답니다. 빠지지 않으려고 본능적으로 움직입니다. 그 때 널빤지를 잡고 있는 어떤 청년과 마주쳤습니다.
"젊은이, 구원받았나?"
잠시 후, 그 젊은이는 구조되었으나, 그 말을 끝으로 존 하퍼는 영원히 물 속에서 나오지 못했답니다.

몇 주 후, 뉴욕의 어느 청년 집회에서 그 젊은이가 간증을 했습니다.

"존 하퍼씨는 죽는 순간까지도 전도했습니다. 내가 그 마지막 사람이었습니다."

전도는 주님의 지상 명령입니다.

주님께서 하신 마지막 말씀, 즉 주님의 유언입니다.

평소에 부모님 말씀에 순종치 않는 불효자도, 마지막 유언은 지키려고 노력합니다. 교사가 전도의 본을 보이지 않으면서 어떻게 학생들에게 전도를 말하겠습니까? 먼저 교사가 전도에 앞장서야 하는 것입니다.

〈정리〉

이제 정리합니다.

첫째, 주일을 거룩하게 지키는 교사가 되어야 합니다.
둘째, 정성을 다하여 예배를 드리는 교사가 되어야 합니다.
셋째, 매일 성경을 읽는 교사가 되어야 합니다.
넷째, 기도생활에 힘쓰는 교사가 되어야 합니다.
다섯째, 찬송 생활에 힘쓰는 교사가 되어야 합니다.
여섯째, 바치는 생활도 잘 하는 교사가 되어야 합니다.
일곱째, 전도에 힘쓰는 교사가 되어야 합니다.

항상 위의 일곱 가지 일에 본을 보이는 교사, 주님께 잘 했다 칭찬받는 교사가 되시기를 주님의 이름으로 기원합니다.

〈기도〉

저희들에게 교사의 직분을 허락하신 하나님 아버지!

저희들이 진실된 교사로 하나님께 헌신하기를 다짐합니다.

주일을 거룩하게 지키는 교사, 정성을 다하여 예배를 드리는 교사, 매일 성경을 읽는 교사, 기도생활에 힘쓰는 교사, 찬송 생활에 힘쓰는 교사, 바치는 생활도 잘 하는 교사, 전도에 힘쓰는 교사가 되게 하여 주시옵소서.

예수님처럼 모든 신앙생활에 본이 되는 교사가 되게 하여 주시옵소서.

참 스승의 길을 저희들에게 보여주신, 우리 주 예수 그리스도 이름으로 기도 드리옵나이다. 아멘.

무엇을 해서는 안 됩니까?

배우고 확신하는 교사

본문 : 딤후 3:14-17

〈도입〉

교회의 여러 직분 가운데 교사의 직분만큼 영광스러운 직분은 없습니다.

고린도전서 12장 28절을 보면 하나님께서 교회를 위해 세우신 분들을 보면, "첫째는 사도요, 둘째는 선지자요, 셋째는 교사요, 그 다음은 능력이요, 그 다음은 병 고치는 은사와 서로 돕는 것과 다스리는 것과 각종 방언을 하는 것이라."고 했습니다. 왜 그럴까요?

어떤 사람은 자신의 평생을 바쳐 자동차만 만듭니다. 또 어떤 사람은 평생 동안 구두만 만듭니다. 어떤 축산업자는 평생 돼지만 키웁니다. 모두가 소중한 일들입니다.

그러나 교사는 사람을 양육하는 일을 일평생 합니다. 그것도 어린 학생들의 영혼을 하나님의 말씀으로 양육하는 자들입니다. 이보다 더 영광스러운 직분이 또 어디 있겠습니까?

우리가 잘 아는 '존 워나메이커'는 미국의 대통령이 그에게 체신부 장관직을 맡아달라고 했을 때, 처음엔 거절을 했다고 합니다.

그 이유를 묻자, 그는 '체신부 장관을 맡게 되면, 주일마다 고향의 교회에 내려가 우리반 어린이들을 가르칠 수가 없기 때문이다.'라고 했답니다.

그래서 주일은 어떤 일이 있더라도 고향 교회에서 어린이들을 하나님의 말씀으로 가르칠 수 있게 한다는 조건하에 체신부 장관직을 맡았답니다.

우리는 이 막중한 교사의 사명을 잘 감당키 위해 본문 말씀을 통해 우리가 해야할 일들이 무엇인지 알고자 합니다.

〈전개〉
우리는 오늘의 본문 말씀을 통해서 다음과 같은 주님의 뜻을 알 수 있습니다.

1. 배우는 교사가 되어야 합니다.

마태복음 15장 14절을 보면, "소경이 소경을 인도하면 둘이 다 구덩이에 빠지리라."고 했습니다.

교사는 자기 자신이 먼저 배워서 자라야 합니다.

물은 다른 물을 자신의 높이 만큼만 높일 수 있기 때문입니다.

따뜻한 손만이 차가운 손을 따뜻하게 해 줄 수 있기 때문입니다.

내 자신의 영혼이 메말라 있는데 다른 사람들의 영혼을 어떻게 양육합니까?

단지 수도 파이프처럼 통로의 역할만 하시겠습니까?

내가 먼저 말씀으로 은혜를 받고 성장해야 합니다.

그러기 위해서는 먼저 매일매일 성경을 읽어야 합니다. 그래야 올바른 하나님의 말씀을 가르칠 수가 있기 때문입니다.

에스라 7장 10절을 보면, 율법을, 하나님의 말씀을 항상 연구하고, 말씀을 준행하라고 했습니다.

마태복음 11장 29절을 보면, '나는 마음이 온유하고 겸손하니 나의 멍에를 메고 내게 배우라'고 하셨습니다.

사도행전 28장 31절을 보면, '그리고는 담대하게 가르치라'고 하셨습니다.

매일 매일 성경을 읽으시려면 여러분의 책상 위나, 거실의 탁자 위에 성경책을 펴놓으십시오. 그리고 예쁜 돌 등으로 눌러 놓으십시오. 책에 먼지가 좀 묻으면 어떻습니까?

그것도 힘들면 화장실에 성경책을 한 권 갖다 놓으십시오. 아침에 화장실에서 항문에 힘쓰실 때 읽으신다면 하루도 빠짐없이 매일 읽을 수 있습니다. 변비만 아니라면 말입니다.

2. 확신하는 교사가 되어야 합니다.

믿음에 확신이 없으면, 구원에 대한 확신이 없으면 도대체 무얼 가르치겠습니까? 확신이 없는 교사는 단지 윤리적이고 도덕적인 예수밖에 가르칠 게 없습니다.

우리는 도덕이나 윤리를 가르치는 것이 아닙니다. 도덕이나 윤리는 학교에서 다 가르칩니다.

우리는 참 생명이신 예수님을 가르치는 것입니다. 우리는 어린 학생들에게 영원한 생명을 얻게 하는 것입니다.

그렇기 때문에 우리 교사는 우리가 먼저 주님을 만나고, 내가 만난 주님께 학생들을 인도하는 것입니다.

그런데 내가 구원에 대한 확신이 없으면, 어린 영혼들을 어디로 인도합니까? 누구에게로 인도합니까?

제가 1992년에 서울 경기 지역 57개 교회의 459명의 교사들에게 설문 조사 한 적이 있었습니다.

예수님의 부활과 영생에 대해 묻는 물음에 놀랍게도 82%만이 '믿는다'고 대답했습니다. 13%나 되는 교사들이 '별로 중요치 않다'고 대답을 했으며, 3%는 '믿을 수 없다', 그리고 2%는 '잘 모르겠다. 깊이 생각해보지 않았다.'라고 대답했습니다.

교사 5명 중 한 명은 절대로 교회학교 교사가 되어서는 안 될 사람들인 것입니다. 다행히 우리 교회는 그런 분이 한 분도 안 계실 것을 확신합니다.

우리 교회 교사들 모두가 기도를 통하여 늘 주님을 만나고 구원의 확신이 있는 교사가 되시길 기원합니다.

3. 어려서부터 하나님의 말씀으로 양육하여야 함을 알 수 있습니다.

본문 말씀을 보면, 초대교회의 가장 훌륭한 지도자 중에 한 분이 셨던 디모데도 어려서부터 성경을 알았다고 했습니다.

디모데는 유대주의적 기독교인인 어머니 유니게(행16:1)와 외할 머니 로이스(딤후1:5)에게 어려서부터 구약 성서를 충실히 배웠음을 알 수 있습니다.

반대로 그의 아버지는 헬라인이었습니다. 즉, 일종의 국제 결혼을 한 셈입니다.

이런 틈바구니 속에서도 디모데가 빗나가지 않고 올바르게, 하나님의 훌륭한 일꾼이 될 수 있었던 것은 어려서부터 하나님의 말씀으로 양육되었기 때문입니다.

잠언 22장 6절을 보면, 〈마땅히 행할 길을 아이에게 가르치라. 그리하면 늙어도 그것을 떠나지 아니하리라.〉고 했습니다. 즉, 어릴 때부터 말씀으로 가르쳐야 한다는 말씀입니다.

안타까운 현실이지만, 대부분의 한국 교회에서 어린이들은 찬밥 신세입니다. 5월 첫 주일만 조금 관심을 가질 뿐, 나머지 주일은 모두 관심 밖입니다.

우리 집엔 누가 10년쯤 사용하다 버린, 벽걸이 에어컨이 하나 있습니다. 어디에 설치했겠습니까? 전혀 망설임 없이 아이들 공부방에 설치했습니다.

우리 교회는 안 그렇지만, 대부분의 교회에서 에어컨을 설치한다면 당연히 대예배실부터 입니다.

너무 딴 곳으로 빗나갔군요. 다시 본문으로 돌아갑니다.

4. 가르쳐서는 안 될 것들과 해서는 안 될 것들을 알아야 합니다.

무엇을 가르치지 말라고 하셨습니까?
이방 종교의 가증한 행위를 가르치지 말아야 합니다. (신20:18)
거짓말을 가르치지 말아야 합니다. (렘9:5)
이방 신들을 가르치지 말아야 합니다. (렘9:14)
사람의 계명으로 교훈을 삼는 것을 가르치지 말아야 합니다. (마15:9)
사단의 가르침을 말아야 합니다. (딤전4:1)
행음과 우상의 제물을 먹게 해서는 안 됩니다. (계2:20)
즉, 우상 숭배와 거짓에 대한 것을 하나님께서는 제일 싫어하신다는 것을 명심해야 합니다.
무엇을 해서는 안 됩니까?
술과 담배를 해서는 안됩니다.
그게 교사와 무슨 상관이 있습니까?
주초를 허용하는 교단도 있다고 들었는데요?
모두 맞는 말씀입니다.
성북구의 어느 교회에서 실제로 있었던 일입니다.
교회에 출석한지 몇 달 안되었지만, 아침에 교회에 오면 만나는 사람들마다 인사를 꼬박꼬박 잘해서 유명한 5학년 어린이가 있었습니다.

그런데 이 아이가 한 달 이상 교회를 안 나오는 것이었습니다. 담임보다 그 교회 아동부 전도사님이 먼저 알게 되었습니다. 그 아이의 집을 수소문해서 전도사님이 심방을 했습니다.

무척이나 순순했던 그 어린이는 어느 날 저녁, 교회 담임이 얼굴이 벌건 채 담배를 물고 포장마차에서 나오는 모습을 보았다고 합니다. 그 날 저녁 그 어린이는 속이 상해 무척이나 울었고, 교회 담임에게 실망한 그 어린이는 그 다음 주부터 교회에 나가지 않았다고 합니다.

교회에 다니지 않는 부모님이었지만, 아이가 교회에 다닌 후로 너무 착해져서 다시 교회에 다닐 것을 이야기했지만 듣지 않았다는 것입니다. 그리고 아이가 몇 주나 교회에 빠졌는데도 전화 한 통 없어서 무척 서운했노라고 말했습니다.

그래서 전 이렇게 답변합니다.

술이나 담배를 하고 싶으면 하나님께 기도해보고, 하나님께서 허락하시면 해도 좋습니다. 그러나 만약 교회학교 어린이가 그 모습을 보았다면 교회학교 교사의 자격은 없습니다. 왜냐하면 어린이를 실족케 하였으니까요.

〈모든 성도님들께도 꼭 한 가지만 부탁드립니다. 기도하실 때마다 교사들을 위해서 기도해 주십시오.〉

〈정리〉

이제 정리합니다.

첫째, 배우는 교사가 되어야 합니다.
둘째, 확신하는 교사가 되어야 합니다.
셋째, 어려서부터 하나님의 말씀으로 양육하여야 함을 알 수 있습니다.
넷째, 가르쳐서는 안 될 것들과 해서는 안 될 것들을 알아야 합니다.

〈기도〉

참 좋으신 우리 하나님 아버지!

은혜를 생각할 때 진실로 감사하고 감사 드리옵나이다. 많은 사람들 중에 저희들을 자녀 삼아 주시옵고, 특별히 교사의 영광된 직분을 감당케 하시니 더욱 감사하나이다.

이 시간 딤후 3:14~17의 말씀에 의해서 배우고 확신하는 교사가 되기 위해, 주님께 헌신하신 교사가 되기 위해 예배를 드립니다. 저희들의 헌신 예배를 기쁘게 받아 주시옵고 하나님께서 기뻐하시는 교사가 되게 하여 주시옵소서.

아무쪼록 저희들에게 배우는 모든 어린 영혼들이 말씀으로 성장하게 하시며, 또한 교사들에게도 새로운 믿음을 주시옵고, 하나님과 학생들을 사랑하는 뜨거운 마음도 허락하여 주옵소서.

우리 주 예수 그리스도 이름으로 기도 드리옵나이다. 아멘.

먼저 기도의 본을 보이세요.

미래를 보는 교사

본문 : 마 28:18 - 20

〈도입〉

1. 체신부 장관보다 교회학교 교사를

체신부 장관의 자리보다 교회학교 교사의 자리를 더 소중히 여긴 사람이 있었습니다.

그가 바로 백화점의 왕인 〈존 워너메이커〉이었습니다.

한 번은 대통령이 그에게 체신부 장관의 자리를 맡아 달라고 했습니다. 얼마나 영예롭고 감사한 일입니까!

그러나 그는, "주일마다 고향인 필라델피아로 가서 교회학교 어린이를 가르칠 수 있게 해 주신다면 하겠습니다."라고 했다고 합니다.

2. 한 마리가 뭐 그리 소중합니까?

다음의 글은 이현주 목사의 〈한 송이 이름없는 들꽃으로〉에 나오는 글입니다.

100마리의 양이 있었는데, 어느 날 한 마리가 없어져 버렸습니다. 목자는 99마리의 양을 산에 그대로 두고 잃어버린 한 마리의 양을 찾아 험한 길을 찾아 떠납니다.

'지극히 이성적인 사람'이 말합니다.

"그것은 참으로 어리석은 일입니다. 한 마리를 찾으려다 나머지 99마리를 잃어버리면 큰 손해가 아닙니까?"

'지극히 이성적인 사람'이 어느 날 세 아이 가운데 한 아이를 잃어버렸습니다.

"정말 사랑하는 자식이 없어지니까, 내 정신이 아니더군요. 그러나 어떻게 합니까?

몇 달 동안 없어진 아이를 찾아 헤매다가 결국 포기했어요. 남겨진 두 아이를 잘 키우는 일도 중요하니까요. 사람은 어쩔 수 없이 냉혹한 현실로 돌아와야 합니다."

어느 날, '지극히 이성적인 사람'이 깊은 산 속에서 길을 잃었습니다. 더구나 발을 헛디며 낭떠러지에 떨어지다가 겨우 나무 가지에 매달려 살았습니다. 큰 소리로 도움을 청합니다.

"당신은 99마리를 버려 두고 한 마리를 찾겠다고 했지요? 지금 이리로 와 주세요. 결코 도중에 포기하지 말아 주세요. 어리석은 목자, 비정한 아비라는 비판을 받더라도 제발 저를 버려 두지 마십시오."

〈전개〉

1. 첫째, 학생들의 미래를 보는 교사가 되십시오.

영국의 한 고등학교에서 있었던 일입니다. 어느 교사가 항상 학생들에게 먼저 인사를 하는 것이었습니다. 그러자 다른 교사들이 수근거립니다.
"저러다가 저 선생이 학생들 버릇 다 버리겠다."
"저 혼자만 인기 작전 아니냐?"….
하도 말들이 많아서 결국은 전체 교사회의가 열렸습니다.
교장 선생님이 그 선생님에게 묻습니다.
"학생들에게 먼저 인사하는 이유가 도대체 뭡니까?"
그러자 그 선생님은,
"나는 한 번도 학생들에게 먼저 인사한 적이 없습니다."
"뭐라고요?"
모든 선생님들이 얼굴을 붉히며 반문했습니다.
"나는 학생들에게 인사한 것이 아니라, 20년 혹은 30년 후 우리나라의 지도자들에게 먼저 인사한 것입니다."라고 답변했답니다.
그런데 놀랍게도 그 학생들 중에 〈처칠〉이 있었답니다.
지금은 장난꾸러기이며 종종 싸우기도 하지만, 이 아이들 중에서, 몇 십년 후에 하나님을 경외하며 국민을 사랑하는 훌륭한 정치가가 나올 수도 있습니다.
간혹 거짓말도 하며, 헌금으로 딴 짓을 종종 하는 아이들 중에서, 미래에 가장 정직한 이 나라의 경영인이나 기업가가 나올 수도 있습니다.

비록 지금은 코를 찔찔 흘리며 몸에선 냄새가 날지 모르지만, 나중에 어려운 사람들을 가장 많이 돕는 거부가 나올 수도 있습니다.

조금만 추워도 콜록콜록 기침하는 아이들 중에서, 나중엔 세계적인 운동 선수가 나올 수도 있습니다.

우리는 그들의 미래를 보는 교사가 됩시다.

2. 둘째, 학생들에게 존경받는 교사가 됩시다.

어느 날, 영국 국왕이 민정을 살피던 중 스코틀랜드의 한 초등학교를 방문하게 되었습니다.

그런데 그 이야기를 듣고도 교장 선생님은 태연하기만 했습니다.

국왕을 맞이하기 위한 어떤 야단법석도 떨지 않았습니다.

평상시와 같이 열심히 수업만 했습니다.

드디어 국왕이 학교에 도착했습니다. 그제야 교장은 정중히 국왕을 맞으면서 조용히 말했습니다.

"폐하, 어린 학생들이 보는 앞이라 제가 먼저 머리 숙여 인사하지 못함을 용서하십시오."

그 말을 들은 국왕은, 먼저 모자를 벗어, 교장 선생님께 인사를 했답니다. 이 광경을 본 어린 학생들은, 선생님이야말로 국왕보다도 더 훌륭하신 분임을 깨닫고 평생 선생님을 존경하며 열심히 공부했다고 합니다.

국왕에게 먼저 인사하지 말라는 말이 아니라, 교사로서의 권위를 가지며, 존경받는 교사가 되어야 한다는 것입니다.

그러면 존경받는 교사가 되려면 어떻게 하여야 합니까?

먼저 기도의 본을 보이세요.

무슨 일을 하든지 항상 기도로 시작하고 기도로 끝내세요. 특히 교회에 오면 제일 먼저 두 손을 모으고 학생들이 보는데서 기도하세요. 학생들이 보고 선생님의 신앙을 배웁니다.

다음으로는 시간을 잘 지키세요. 제가 실시한 설문 조사에 의하면 학생들은 시간을 잘 지키는 선생님을 존경합니다. 학생 예배 시간은 물론이며, 교사회 시간이나, 학생들과의 만남의 시간도 철저히 잘 지키십시오.

한 가지만 더, 지시하는 즉 시키는 교사가 되지 말고 먼저 본을 보이는 교사가 되십시오. 제자들의 발을 씻기신 예수님처럼 말입니다.

3. 셋째, 주님을 대하듯 학생들을 대해야 합니다.

저는 부모님께서 L.A.에 사시기 때문에 미국을 자주 드나듭니다.

1992년도로 기억을 합니다. 아이들과 함께 디즈니랜드를 갔습니다. 이 곳은 입장료만 내면 모든 놀이 시설물들은 무료로 이용할 수 있습니다.

하필 그날 따라 비가 많이 쏟아졌습니다. 위험한 몇 몇 놀이 시설들은 운행을 중지했으나 대부분의 놀이 시설들은 비 속에서도 진행이 되었습니다.

아이들의 성화에 못 이겨 비옷(雨衣)을 입고 배를 탔습니다. 안내원들도 비옷을 입고 안내를 합니다. 그런데 놀랍게도 그들은 처음부터 끝까지 미소 띤 얼굴로 안내를 하는 것이었습니다.

폭우 속에서의 그 미소는 매우 강렬하게 마음에 남아 있었습니다.

그 분들은 분명, 골로새서 3장 23절 말씀인 "무슨 일을 하든지 마음을 다하여 주께 하듯 하고 사람에게 하듯 하지 말라."는 말씀에 충실한 사람들이었습니다.

즉, 학생들 한 사람 한 사람을 주님께 대하듯 사랑과 정성으로 가르치자는 것입니다.

〈결론〉

아무쪼록 우리 교회학교 교사들, 선생님들의 가르침을 통하여, 하나님을 경외하며, 나라에 충성하고, 부모님께 효도하는 훌륭한 인재들이 많이 배출되기를 주님의 이름으로 축원합니다.

〈기도〉

참 좋으신 사랑의 하나님 아버지!

저희들에게 어린 영혼을 양육할 수 있는 교사의 사명을 감당케 하시니 진실로 감사를 드립니다.

사랑하는 저희 모든 선생님들, 학생들의 미래를 보는 교사, 교사의 권위를 가지며 존경받는 교사, 학생 한 사람 한 사람을 주님께 대하듯 사랑과 정성으로 가르치는 교사가 모두 되게 하여 주시옵소서.

저희 교회의 교육을 통하여, 우리 선생님들을 통하여, 훌륭한 많은 인재들이 배출되게 하여 주시옵소서.

우리 주 예수 그리스도 이름으로 기도 드리옵나이다. 아멘.